Impressum
Verlag: BABADADA GmbH, Nedderfeld 112 , 22529 Hamburg
Geschäftsführer / Verlagsleitung: Harald Hof
Druck: Books on Demand GmbH, In de Tarpen 42, 22848 Norderstedt

Imprint
Publisher: BABADADA GmbH, Nedderfeld 112 , 22529 Hamburg, Germany
Managing Director / Publishing direction: Harald Hof
Print: Books on Demand GmbH, In de Tarpen 42, 22848 Norderstedt

# σχολείο

# škola

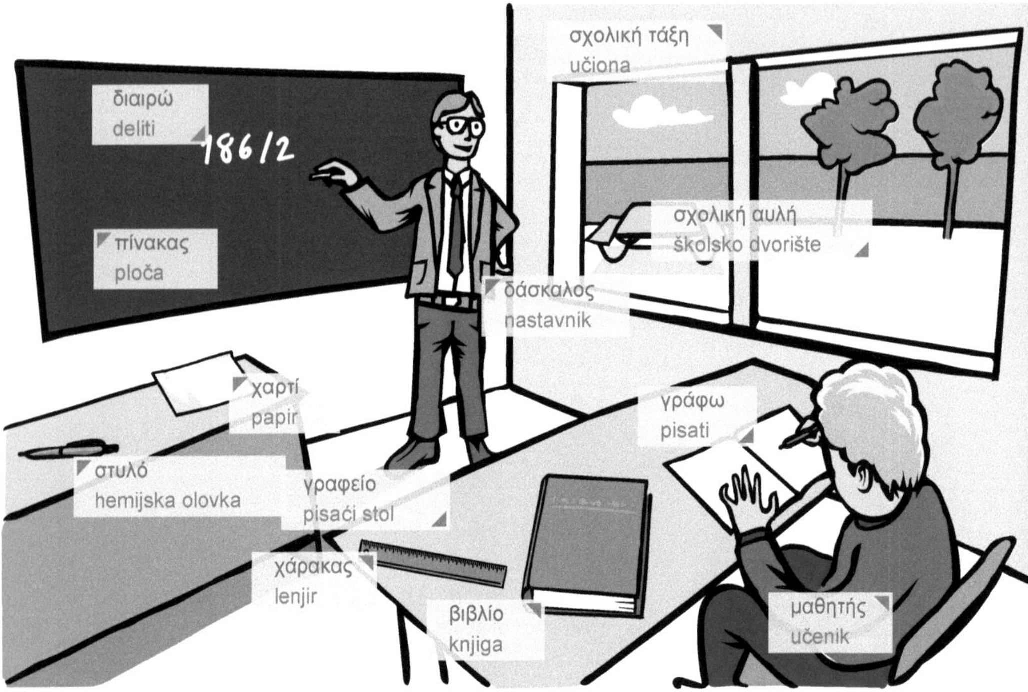

σχολική τάξη
učiona
διαιρώ
deliti
186/2
πίνακας
ploča
σχολική αυλή
školsko dvorište
δάσκαλος
nastavnik
χαρτί
papir
γράφω
pisati
στυλό
hemijska olovka
γραφείο
pisaći stol
χάρακας
lenjir
βιβλίο
knjiga
μαθητής
učenik


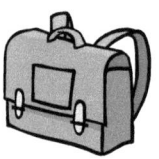

σχολική τσάντα

torba

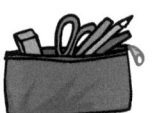

κασετίνα/ μολυβοθήκη

pernica

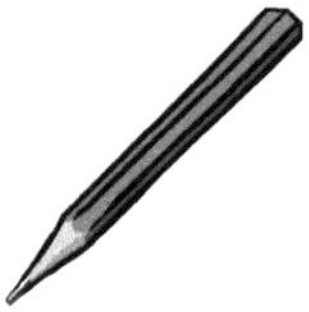

μολύβι

grafitna olovka

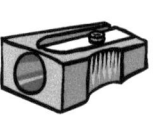

ξύστρα

šiljilo za olovke

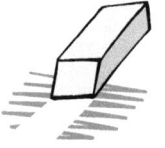

γόμα

gumica za brisanje

μπλοκ ζωγραφικής

blok za crtanje

ζωγραφική

crtež

πινέλο

kist

κουτί χρωμάτων

kutija sa bojama

ψαλίδι

makaze

κόλλα

lepilo

τετράδιο ασκήσεων

beležnica

εργασία για το σπίτι

domaći zadatak

αριθμός

broj

προσθέτω

sabirati

αφαιρώ

oduzimati

πολλαπλασιάζω

množiti

υπολογίζω

računati

γράμμα

slovo

αλφάβητο

abeceda

hello

λέξη

reč

κείμενο

tekst

διαβάζω

čitati

κιμωλία

kreda

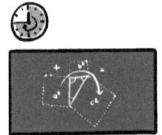

μάθημα

čas

εγγράφομαι

dnevnik

τεστ

ispit

πιστοποιητικό

svedočanstvo

μαθητική στολή

školska uniforma

εκπαίδευση

obrazovanje

εγκυκλοπαίδεια

leksikon

πανεπιστήμιο

univerzitet

μικροσκόπιο

mikroskop

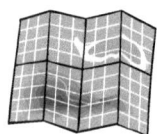

χάρτης

karta

καλάθι αχρήστων

košara za papir

# ταξίδι
# putovanje

ξενοδοχείο
hotel
Grand
ξενώνας
prenoćište
ROOMS
ανταλλακτήρια συναλλάγματος
menjačnica
EXCHANGE
βαλίτσα
kofer
αυτοκίνητο
auto


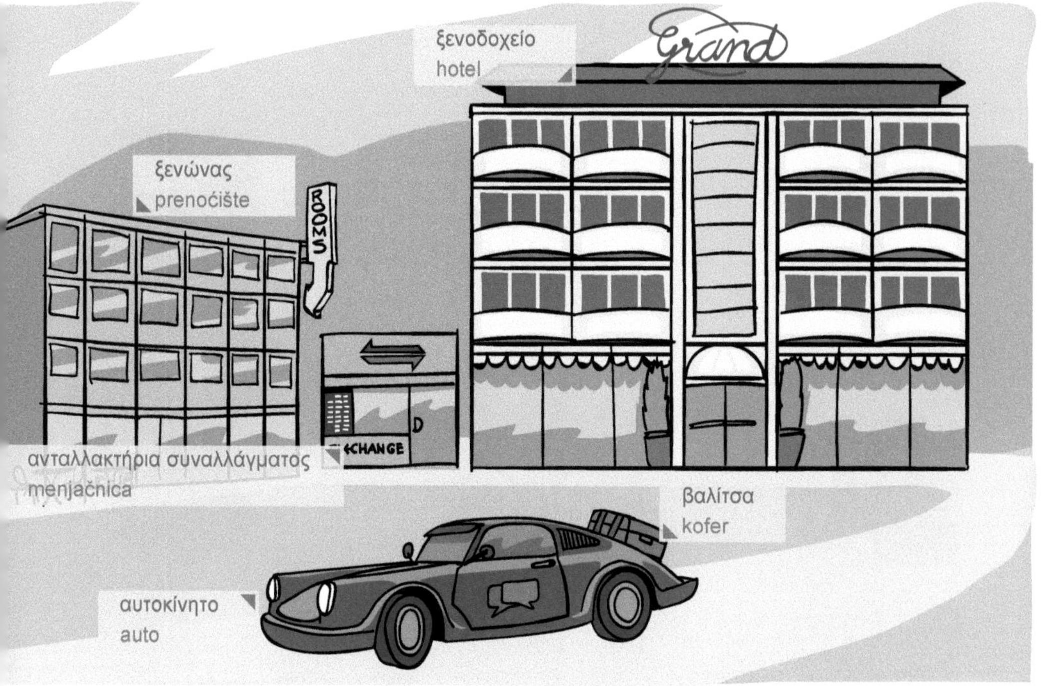

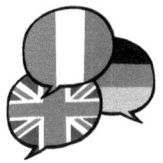

γλώσσα

jezik

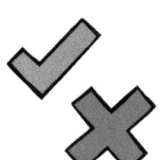

ναι / όχι

da / ne

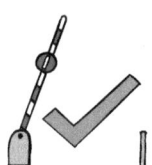

εντάξει

okej

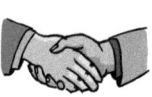

γεια σου

zdravo

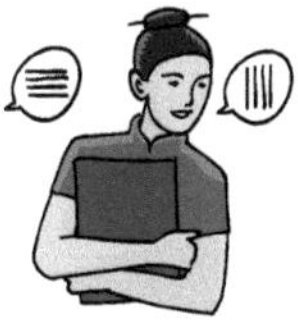

μεταφραστής

prevodilac

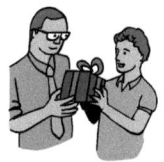

Ευχαριστώ

hvala

πόσο κάνει ;

Koliko košta...?

Δε καταλαβαίνω

ne razumem

πρόβλημα

problem

Καλησπέρα!

dobro veče!

Καλημέρα!

Dobro jutro!

Καληνύχτα!

Laku noć!

Αντίο

doviđenja

κατεύθυνση

smer

αποσκευές

prtljaga

τσάντα

torba

σακίδιο πλάτης

ruksak

καλεσμένος

gost

δωμάτιο

soba

υπνόσακος

vreća za spavanje

σκηνή

šator

τουριστικές πληροφορίες

turističke informacije

παραλία

plaža

πιστωτική κάρτα

kreditna kartica

πρωινό

doručak

μεσημεριανό

ručak

δείπνο

večera

εισιτήριο

karta za vožnju

ανελκυστήρας

lift

γραμματόσημο

poštanska markica

σύνορα

granica

τελωνείο

carina

πρεσβεία

ambasada

βίζα

viza

διαβατήριο

pasoš

ταξίδι - putovanje

# μεταφορά
# transport

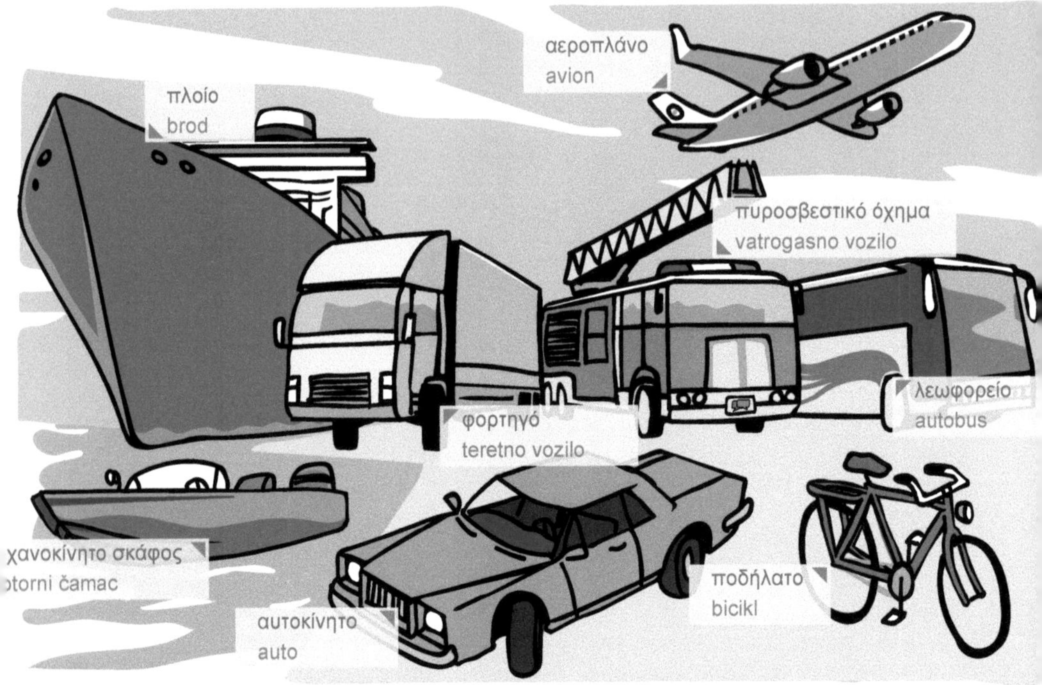

αεροπλάνο
avion
πλοίο
brod
πυροσβεστικό όχημα
vatrogasno vozilo
λεωφορείο
autobus
φορτηγό
teretno vozilo
χανοκίνητο σκάφος
torni čamac
ποδήλατο
bicikl
αυτοκίνητο
auto


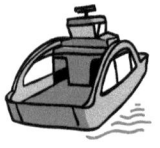

φεριμπότ

trajekt

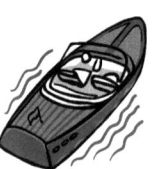

βάρκα

čamac

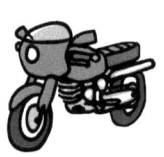

μοτοσικλέτα

motocikl

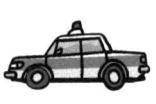

περιπολικό

policijski auto

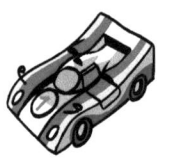

αγωνιστικό αυτοκίνητο

trkaći auto

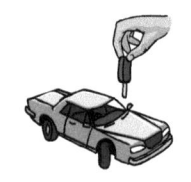

ενοικιαζόμενο αυτοκίνητο

iznajmljeno auto

διαμοιρασμός αυτοκινήτων

delenje automobila

κινητήρας

motor

πινακίδα σήμανσης

saobraćajni znak

χώρος στάθμευσης

parkiralište

τρένο

voz

γερανός

vučno vozilo

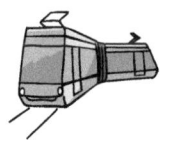
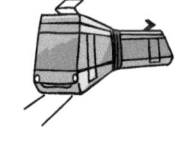

καύσιμο

benzin

κυκλοφορία

saobraćaj

σιδηροδρομικός σταθμός

železnička stanica

τραμ

tramvaj

απορριμματοφόρο

vozilo za odvoz smeća

βενζινάδικο

benzinska stanica

κυκλοφοριακή συμφόρηση

zastoj

σιδηροδρομικές γραμμές

šine

βαγόνι

vagon

ελικόπτερο

helikopter

αεροδρόμιο

aerodrom

πύργος

kula

επιβάτης

putnik

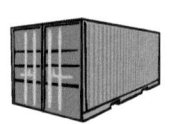

εμπορευματοκιβώτιο

kontejner

χαρτοκιβώτιο

karton

καρότσι

kolica

καλάθι

korpa

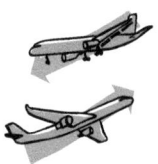

απογειώνομαι /
προσγειόνομαι

uzleteti / sleteti

## πόλη

## grad

χωριό

selo

κέντρο της πόλης

centar grada

σπίτι

kuća

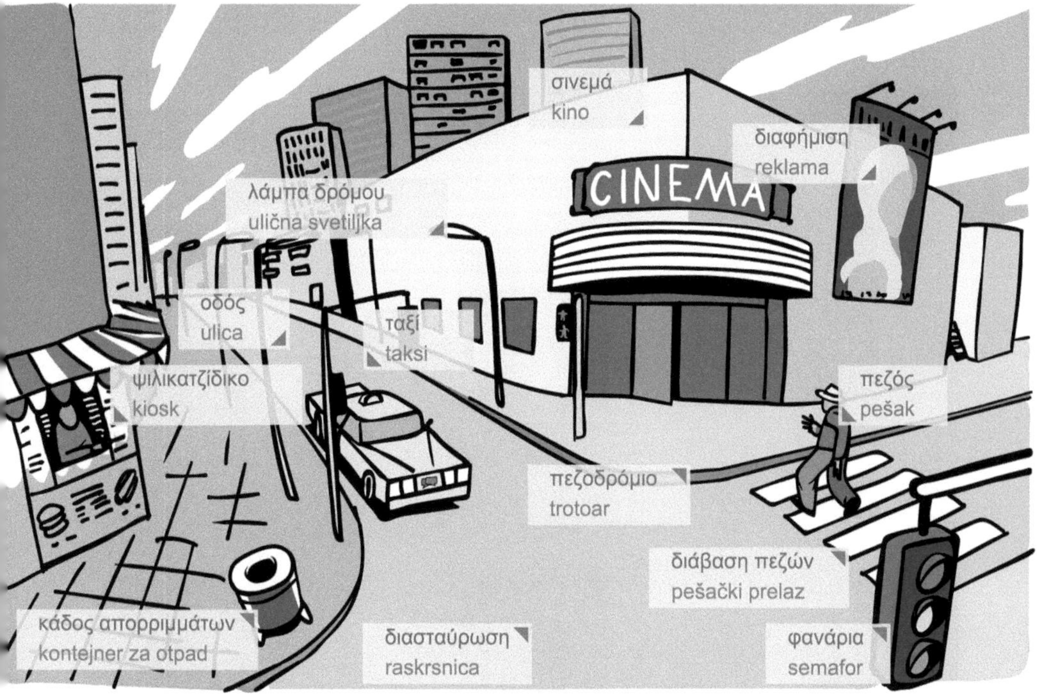

σινεμά
kino
διαφήμιση
reklama
CINEMA
λάμπα δρόμου
ulična svetiljka
οδός
ulica
ταξί
taksi
ψιλικατζίδικο
kiosk
πεζός
pešak
πεζοδρόμιο
trotoar
διάβαση πεζών
pešački prelaz
κάδος απορριμμάτων
kontejner za otpad
διασταύρωση
raskrsnica
φανάρια
semafor

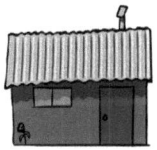

καλύβα

koliba

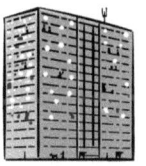

διαμέρισμα

stan

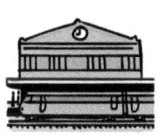

σιδηροδρομικός σταθμός

železnička stanica

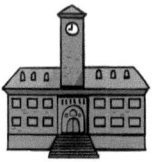

δημαρχείο

većnica

MUSEUM

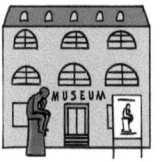

μουσείο

muzej

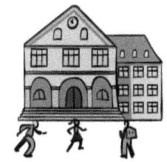

σχολείο

škola

πανεπιστήμιο
univerzitet

τράπεζα
banka

νοσοκομείο
bolnica

ξενοδοχείο
hotel

φαρμακείο
apoteka

γραφείο
kancelarija

βιβλιοπωλείο
knjižara

κατάστημα
prodavnica

ανθοπωλείο
cvećara

σούπερ μάρκετ
supermarket

αγορά
trg

πολυκατάστημα
robna kuća

ιχθυοπωλείο
ribarnica

εμπορικό κέντρο
trgovački centar

λιμάνι
luka

πάρκο

park

παγκάκι

klupa

γέφυρα

most

σκάλες

stepenice

μετρό

podzemna železnica

τούνελ

tunel

στάση λεωφορείου

autobuska stanica

μπαρ

bar

εστιατόριο

restoran

γραμματοκιβώτιο

poštansko sanduče

πινακίδα δρόμου

ulični znak

παρκόμετρο

parkirni automat

ζωολογικός κήπος

zoološki vrt

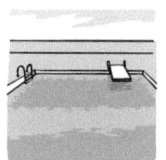

πισίνα

bazen

τζαμί

džamija

πόλη - grad

αγρόκτημα

seosko gazdinstvo

ρύπανση

zagađenje okoline

νεκροταφείο

groblje

εκκλησία

crkva

παιδική χαρά

igralište

ναός

hram

## τοπίο

## pejsaž

φύλλο
list

πινακίδα κατεύθυνσης
putokaz

δρόμος
put

λιβάδι
livada

πέτρα
kamen

δέντρο
drvo

πεζοπόρος
šetač

ποτάμι
reka

χορτάρι
trava

λουλούδι
cvijet

κοιλάδα
dolina

λόφος
planina

λίμνη
jezero

δάσος
šuma

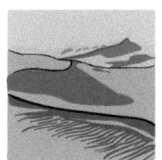

έρημος
pustinja

ηφαίστειο
vulkan

κάστρο
dvorac

ουράνιο τόξο
duga

μανιτάρι
gljiva

φοίνικας
palma

κουνούπι
moskito

μύγα
muva

μυρμήγκι
mrav

μέλισσα
pčela

αράχνη
pauk

τοπίο - pejsaž

σκαθάρι

buba

βάτραχος

žaba

σκίουρος

veverica

σκαντζόχοιρος

jež

λαγός

zec

κουκουβάγια

sova

πουλί

ptica

κύκνος

labud

αγριογούρουνο

divlja svinja

ελάφι

jelen

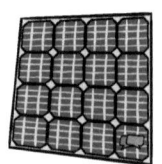

άλκη

los

φράγμα

nasip

ανεμογεννήτρια

vetrenjača

ηλιακός συλλέκτης

solarna ploča

κλίμα

klima

# εστιατόριο
# restoran

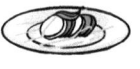

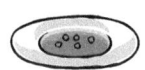

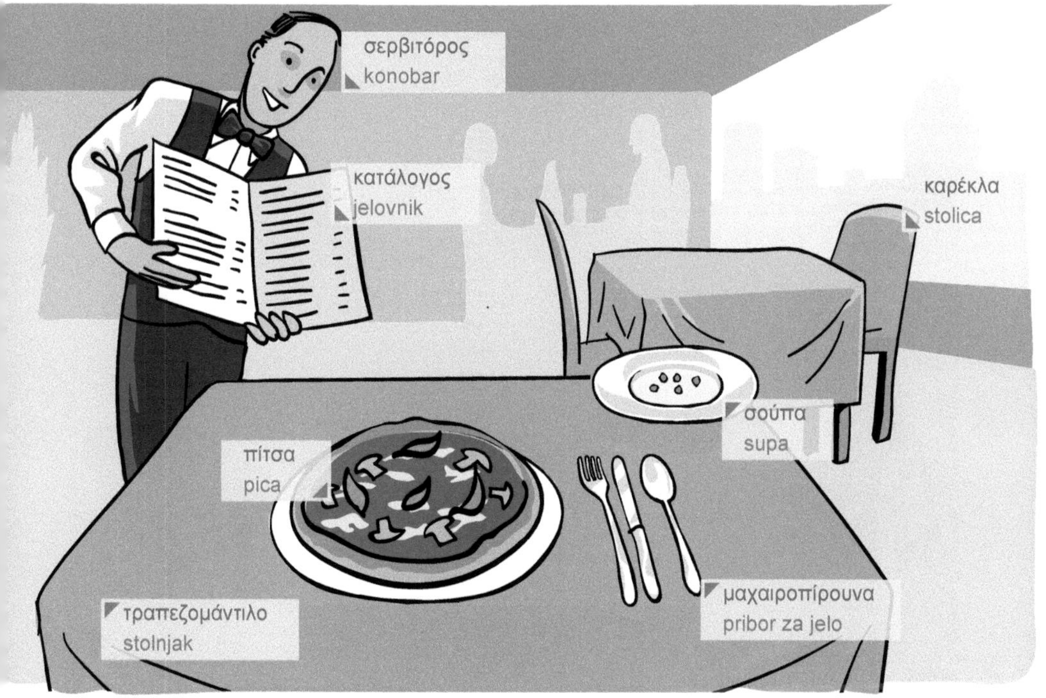
σερβιτόρος
konobar
κατάλογος
jelovnik
καρέκλα
stolica
σούπα
supa
πίτσα
pica
τραπεζομάντιλο
stolnjak
μαχαιροπίρουνα
pribor za jelo

ορεκτικό

predjelo

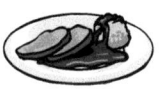

κύριο πιάτο

glavno jelo

επιδόρπιο

desert

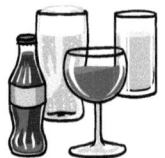

ποτά

napitci

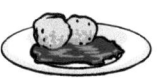

φαγητό

jelo

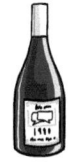

μπουκάλι

flaša

φαστ φουντ

brza hrana

φαγητό στ' όρθιο

imbis hrana

τσαγιέρα

čajnik

δοχείο ζάχαρης

doza za šećer

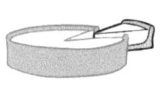

μερίδα

porcija

μηχανή εσπρέσο

aparat za espresso

ψηλή καρέκλα

visoka stolica

λογαριασμός

račun

δίσκος

poslužavnik

μαχαίρι

nož

πιρούνι

viljuška

κουτάλι

kašika

κουταλάκι του τσαγιού

čajna kašika

πετσέτα φαγητού

salveta

ποτήρι

čaša

 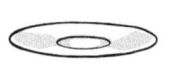

| πιάτο | πιάτο σούπας | πιατάκι φλιτζανιού |
|---|---|---|
| tanjir | tanjir za supu | tanjirić |

| σάλτσα | αλατιέρα | μύλος για πιπέρι |
|---|---|---|
| sos | soljenka | mlin za biber |

| ξύδι | λάδι | μπαχαρικά |
|---|---|---|
| sirće | ulje | začini |

| κέτσαπ | μουστάρδα | μαγιονέζα |
|---|---|---|
| kečap | senf | majoneza |

# σούπερ μάρκετ
# supermarket

προσφορά
ponuda
FOR
πελάτης
kupac
γαλακτοκομικά προϊόντα
mlečni proizvodi
φρούτα
voće
καρότσι για ψώνια
kolica za kupovinu


BUTCHERS


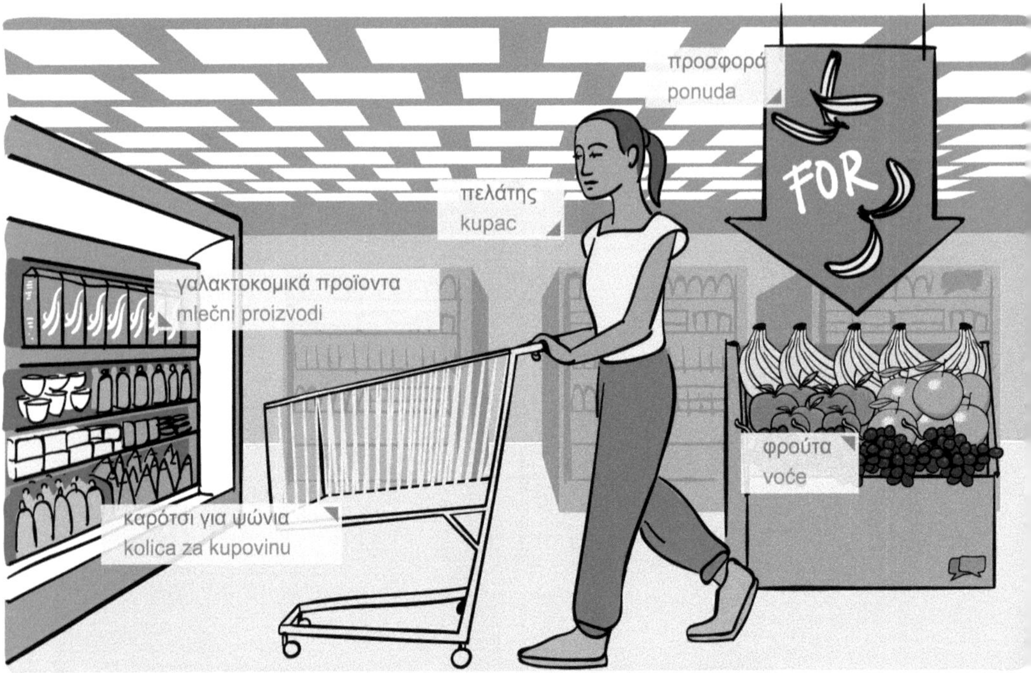

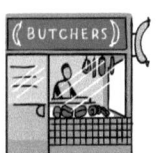

κρεοπωλείο

mesnica

BAKERY


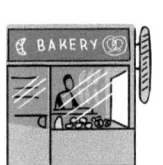

φούρνος

pekara

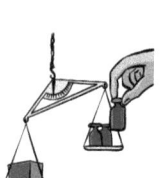

ζυγίζω

vagati

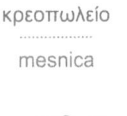

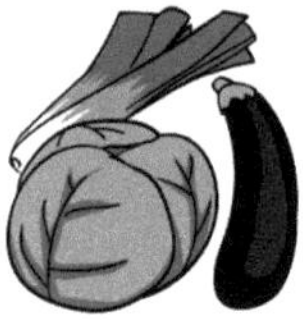

λαχανικά

povrće

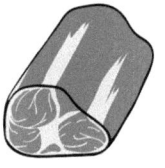

κρέας

meso

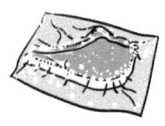

κατεψυγμένα τρόφιμα

smrznuta hrana

αλλαντικά

narezak

κονσερβοποιημένη τροφή

konzerve

απορρυπαντικό ρούχων

sredstvo za pranje

γλυκά

slatkiši

οικιακά είδη

artikli za domaćinstvo

καθαριστικά προϊόντα

sredstva za čišćenje

πωλήτρια

prodavačica

ταμείο

blagajna

ταμίας

blagajnik

λίστα για ψώνια

lista za kupovinu

ωράριο λειτουργίας

vreme rada

πορτοφόλι

novčanik

πιστωτική κάρτα

kreditna kartica

τσάντα

torba

πλαστική σακούλα

plastična kesa

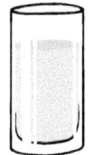

νερό

voda

χυμός

sok

γάλα

mleko

κόκα κόλα

kola

κρασί

vino

μπίρα

pivo

αλκοόλ

alkohol

κακάο

kakao

τσάι

čaj

καφές

kava

εσπρέσο

espresso

καπουτσίνο

cappuccino

μπανάνα
banana

μήλο
jabuka

πορτοκάλι
narandža

πεπόνι
lubenica

λεμόνι
limun

καρότο
šargarepa

σκόρδο
beli luk

μπαμπού
bambus

κρεμμύδι
luk

μανιτάρι
gljiva

ξηροί καρποί
orašasti plodovi

νουντλς
rezanci

μακαρόνια

špagete

ρύζι

riža

σαλάτα

salata

πατατάκια

pomfrit

τηγανητές πατάτες

pečeni krumpir

πίτσα

pica

χάμπουργκερ

hamburger

σάντουιτς

sendvič

κοτολέτα

šnicla

ζαμπόν

šunka

σαλάμι

salama

λουκάνικο

kobasica

κοτόπουλο

kokoš

ψητό

pečenje

ψάρι

riba

χυλός βρώμης

zobene pahuljice

μούσλι

musli

κορν φλέικς

kukuruzne pahuljice

αλεύρι

brašno

κρουασάν

kroasan

ψωμάκι

pecivo

ψωμί

hleb

τοστ

toast

μπισκότα

keksi

βούτυρο

maslac

τυρόπηγμα

sveži sir

κέικ

kolač

αυγό

jaje

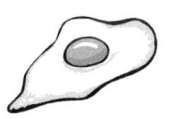

τηγανητό αυγό

jaje na oko

τυρί

sir

φαγητό - jelo

παγωτό

sladoled

ζάχαρη

šećer

μέλι

med

μαρμελάδα

marmelada

άλλειμμα σοκολάτας

nugat krema

κάρυ

kari

# αγρόκτημα
# seosko gazdinstvo

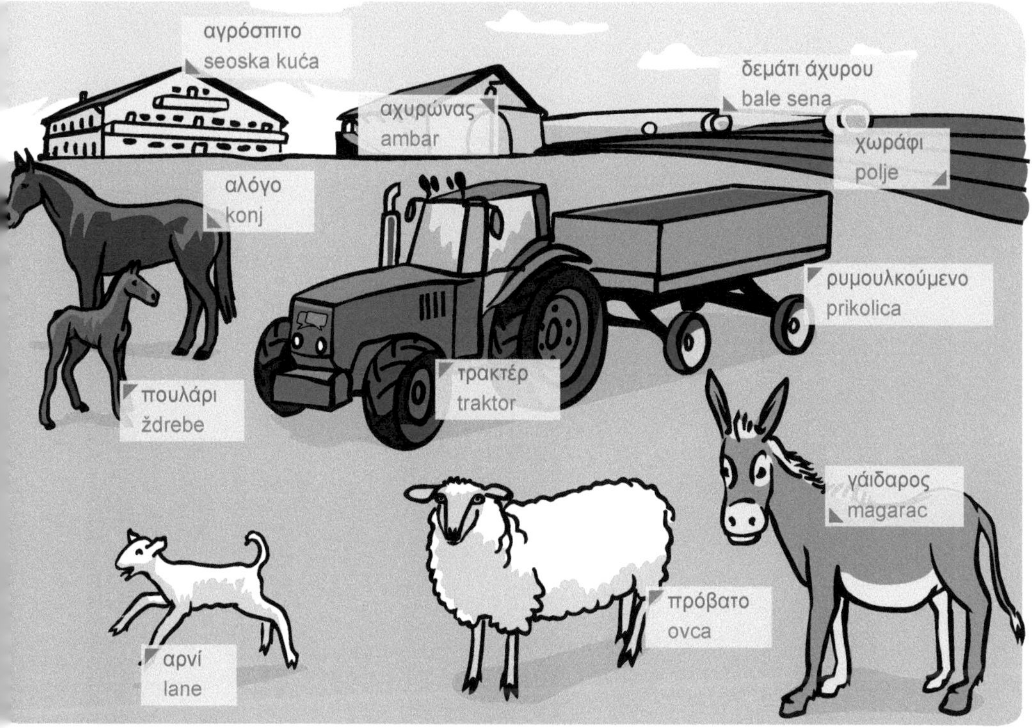
αγρόσπιτο
seoska kuća
δεμάτι άχυρου
bale sena
αχυρώνας
ambar
χωράφι
polje
αλόγο
konj
ρυμουλκούμενο
prikolica
τρακτέρ
traktor
πουλάρι
ždrebe
γάιδαρος
magarac
πρόβατο
ovca
αρνί
lane

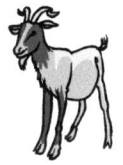

κατσίκα

koza

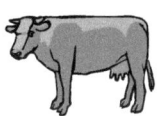

αγελάδα

krava

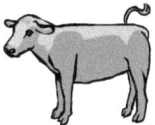

μοσχαράκι

tele

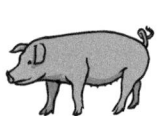

γουρούνι

svinja

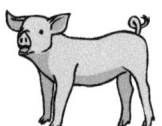

γουρουνάκι

prase

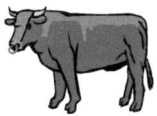

ταύρος

bik

χήνα
guska

πάπια
patka

κοτοπουλάκι
pilići

κότα
kokoš

κόκορας
petao

αρουραίος
pacov

γάτα
mačka

ποντίκι
miš

βόδι
vol

σκύλος
pas

σπιτάκι σκύλου
kućica za psa

λάστιχο κήπου
vrtno crevo

ποτιστήρι
kanta za polivanje

θεριστήρι
kosa

αλέτρι
plug

δρεπάνι

srp

τσάπα

motika

δίκρανο

viljuška za đubrivo

τσεκούρι

sekira

χειράμαξα

tačke

ταΐστρα

korito

δοχείο γάλακτος

posuda za mleko

σάκος

vreća

φράχτης

ograda

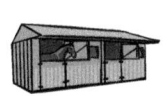

στάβλος

štala

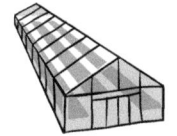

θερμοκήπιο

staklenik

έδαφος

zemlja

σπόρος

seme

λίπασμα

đubrivo

θεριζοαλωνιστική μηχανή

kombajn

θερίζω

žeti

συγκομιδή

žetva

γιαμς

jams začin

σιτάρι

pšenica

σόγια

soja

πατάτα

krumpir

καλαμπόκι

kukuruz

κράμβη

uljana repica

οπωροφόρο δέντρο

voćka

μανιόκα

gomolj manioke

δημητριακά

žitarice

# σπίτι
# kuća

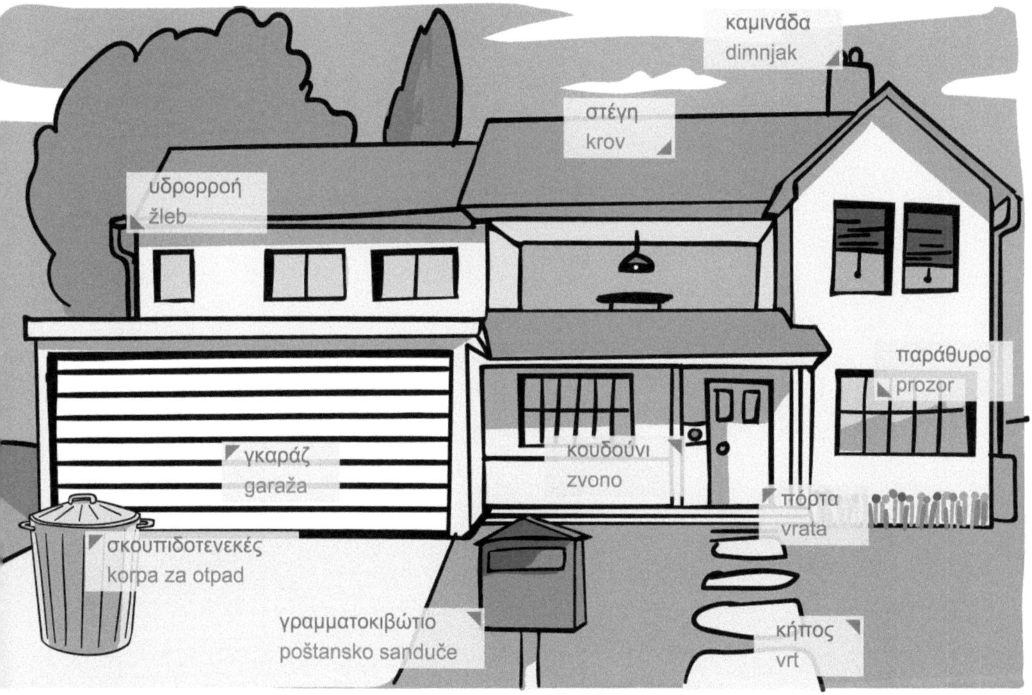

καμινάδα
dimnjak
στέγη
krov
υδρορροή
žleb
παράθυρο
prozor
γκαράζ
garaža
κουδούνι
zvono
πόρτα
vrata
σκουπιδοτενεκές
korpa za otpad
γραμματοκιβώτιο
poštansko sanduče
κήπος
vrt


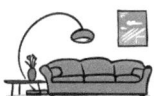

σαλόνι

dnevna soba

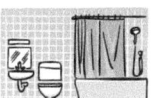

μπάνιο

kupaonica

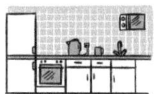

κουζίνα

kuhinja

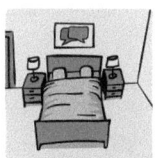

υπνοδωμάτιο

spavaća soba

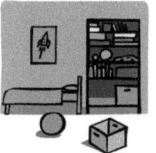

παιδικό δωμάτιο

dečija soba

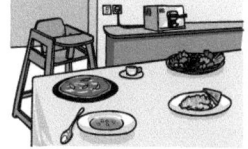

τραπεζαρία

trpezarija

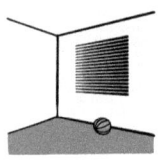

πάτωμα

pod

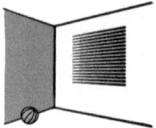

τοίχος

zid

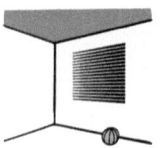

οροφή

strop

κελάρι

podrum

σάουνα

sauna

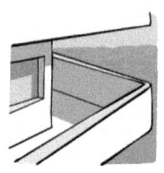

μπαλκόνι

balkon

βεράντα

terasa

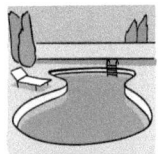

πισίνα

bazen

μηχανή του γκαζόν

kosilica za travu

σεντόνι

posteljina za krevet

κάλυμμα κρεβατιού

deka za krevet

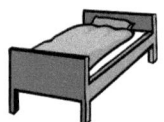

κρεβάτι

krevet

σκούπα

metla

κουβάς

kanta

διακόπτης

prekidač

# σαλόνι
# dnevna soba

ταπετσαρία
tapeta
φωτογραφία
slika
λάμπα
svetiljka
ράφι
regal
ντουλάπι
ormar
τηλεόραση
televizija
τζάκι
kamin
λουλούδι
cvijet
μαξιλάρι
jastuk
καναπές
kauč
βάζο
vaza
τηλεκοντρόλ
daljinski upravljač

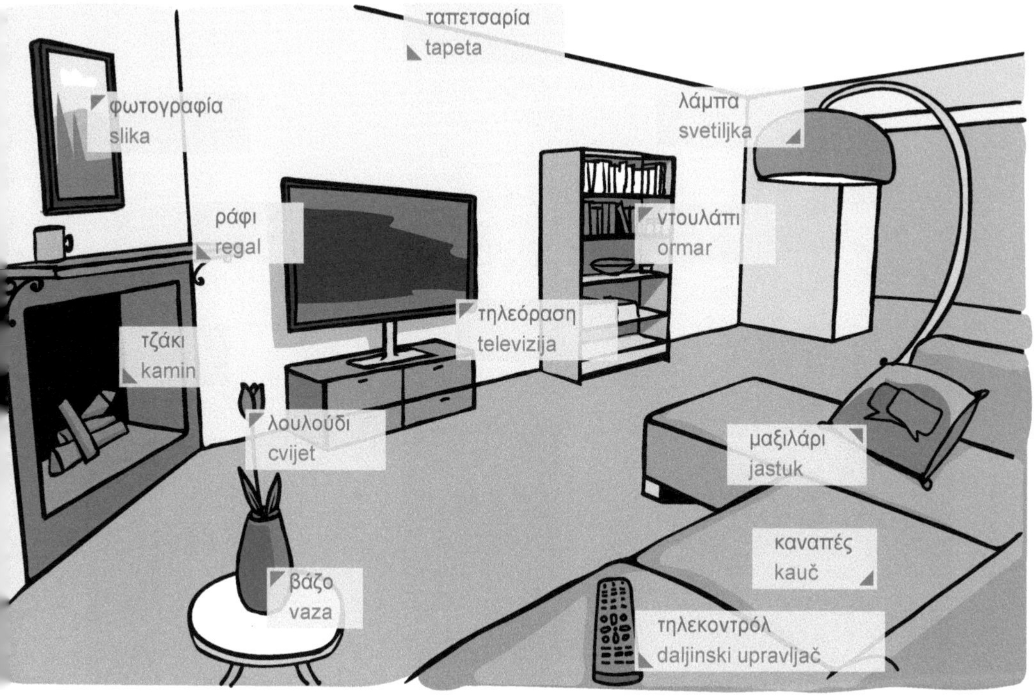

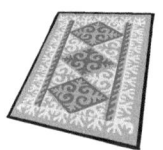

χαλί
tepih

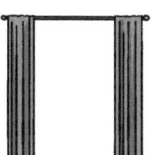

κουρτίνα
zavesa

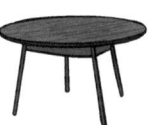

τραπέζι
sto

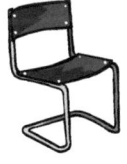

καρέκλα
stolica

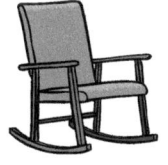

κουνιστή πολυθρόνα
stolica za njihanje

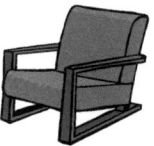

πολυθρόνα
fotelja

βιβλίο

knjiga

κουβέρτα

deka

διακόσμηση

dekoracija

καυσόξυλα

drvo za ogrev

ταινία

film

στερεοφωνικό σύστημα

hi-fi uređaj

κλειδί

ključ

εφημερίδα

novine

πίνακας ζωγραφικής

slika na platnu

αφίσα

poster

ραδιόφωνο

radio

σημειωματάριο

blok za pisanje

ηλεκτρική σκούπα

usisivač

κάκτος

kaktus

κερί

sveća

# κουζίνα
# kuhinja

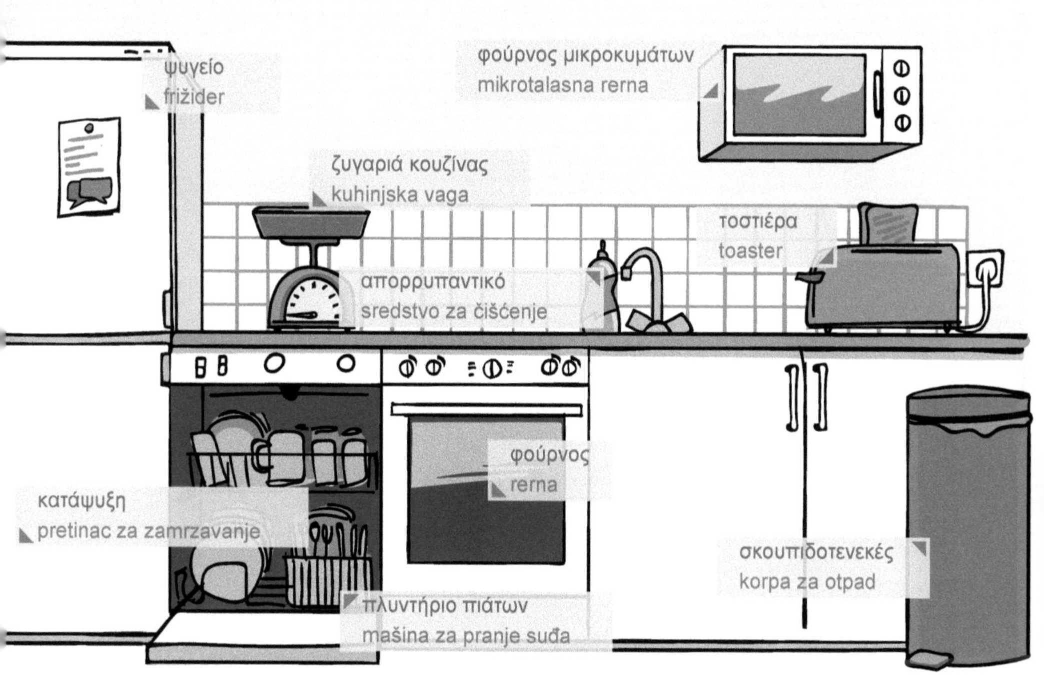

ψυγείο
frižider
φούρνος μικροκυμάτων
mikrotalasna rerna
ζυγαριά κουζίνας
kuhinjska vaga
τοστιέρα
toaster
απορρυπαντικό
sredstvo za čišćenje
φούρνος
rerna
κατάψυξη
pretinac za zamrzavanje
σκουπιδοτενεκές
korpa za otpad
πλυντήριο πιάτων
mašina za pranje suđa


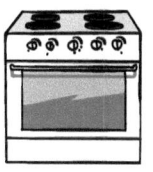

κουζίνα

šporet

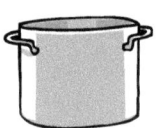

κατσαρόλα

lonac

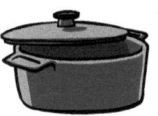

μαντεμένια κατσαρόλα

gvozdeni lonac

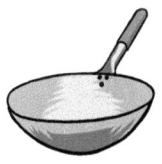

γουόκ/καντάι

wok / kadai

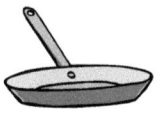

τηγάνι

tava

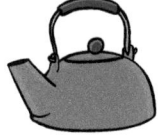

βραστήρας

kuvalo za vodu

ατμομάγειρας

kuvalo na paru

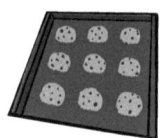

ταψί

lim za pečenje

πιατικά

posuđe

κούπα

čaša

μπολ

posuda

ξυλάκια

štapići za jelo

κουτάλα

kutlača

σπάτουλα

lopatica

ανακατεύω

penjača

σουρωτήρι

sito za kuvanje

σουρωτηράκι

sito

τρίφτης

ribež

γουδί

mužar

ψησταριά

roštilj

ανοιχτή φωτιά

ognjište

σανίδα κοπής

daska

πλάστης

oklagija

ανοιχτήρι φελλών

vadičep

κονσέρβα

konzerva

ανοιχτήρι κονσέρβας

otvarač konzervi

γάντι φούρνου

krpa za lonac

νεροχύτης

sudoper

βούρτσα

četka

σφουγγάρι

sunđer

μπλέντερ

mikser

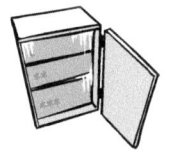

καταψύκτης

zamrzivač

μπιμπερό

flašica za bebe

βρύση

slavina za vodu

θέρμανση
grejanje

ντους
tuš

πετσέτα
peškir

κουρτίνα ντουζ
zavesa za tuš

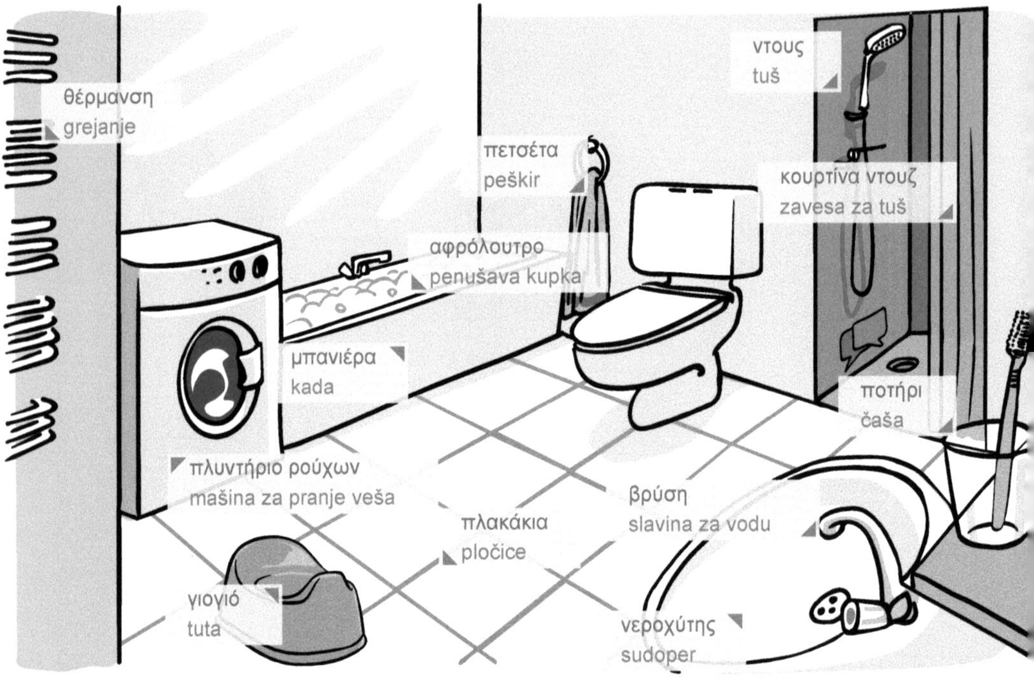

αφρόλουτρο
penušava kupka

μπανιέρα
kada

ποτήρι
čaša

πλυντήριο ρούχων
mašina za pranje veša

βρύση
slavina za vodu

πλακάκια
pločice

γιογιό
tuta

νεροχύτης
sudoper

| | | |
|---|---|---|
| τουαλέτα | τούρκικη τουαλέτα | μπιντές |
| toalet | čučavac | bidet |
| ουρητήριο | χαρτί υγείας | πιγκάλ |
| pisoar | toaletni papir | četka za toalet |

οδοντόβουρτσα

četkica za zube

οδοντόκρεμα

pasta za zube

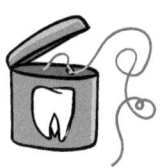

οδοντικό νήμα

konac za zube

πλένω

prati

τηλέφωνο ντους

tuš ručica

ντουσιέρα

tuš za pranje intimnih
delova

λεκάνη

lavor

βούρτσα πλάτης

četka za pranje leđa

σαπούνι

sapun

αφρόλουτρο

gel za tuširanje

σαμπουάν

šampon

φανέλα

krpa za pranje

σιφόνι

odvod

κρέμα

krema

αποσμητικό

dezodorans

μπάνιο - kupaonica

καθρέφτης

ogledalo

καθρέφτης χειρός

kozmetičko ogledalo

ξυραφάκι

brijač

αφρός ξυρίσματος

pena za brijanje

αφτερσέιβ

losion za posle brijanja

χτένα

češalj

βούρτσα

četka

σεσουάρ

fen za kosu

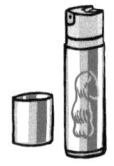

λακ

sprej za kosu

μακιγιάζ

makeup

κραγιόν

ruž za usne

βερνίκι νυχιών

lak za nokte

βαμβάκι

vata

ψαλίδι νυχιών

makaze za nokte

άρωμα

parfem

νεσεσέρ

kozmetička torbica

σκαμπό

stolica

ζυγαριά

vaga

μπουρνούζι

ogrtač

ελαστικά γάντια

rukavice za čišćenje

ταμπόν

tampon

πετσέτα υγιεινής

uložak

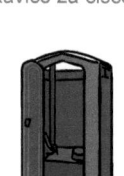

χημική τουαλέτα

hemijski toalet

# παιδικό δωμάτιο
## dečija soba

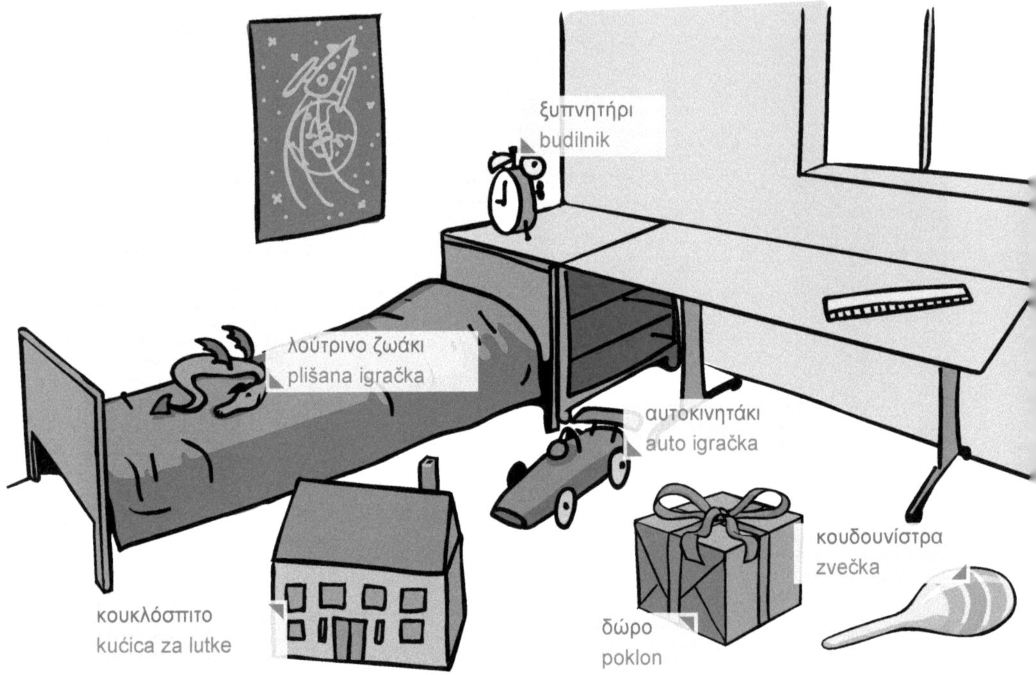
ξυπνητήρι
budilnik
λούτρινο ζωάκι
plišana igračka
αυτοκινητάκι
auto igračka
κουδουνίστρα
zvečka
κουκλόσπιτο
kućica za lutke
δώρο
poklon

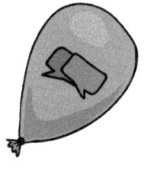

μπαλόνι

balon

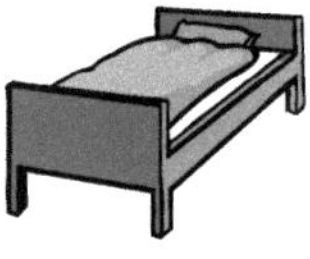

κρεβάτι

krevet

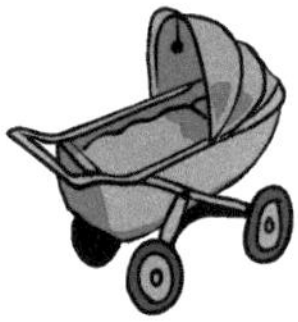

καροτσάκι

dječija kolica

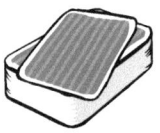

τράπουλα

igra s kartama

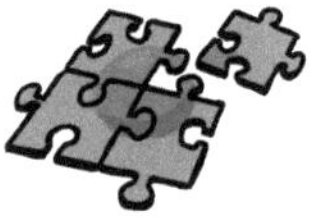

παζλ

slagalica

SUPER
MEGA

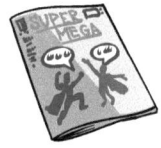

κόμικς

strip

τουβλάκια lego

lego kockice

τουβλάκια κατασκευών

kockice za slaganje

φιγούρα δράσης

akcioni junak

βρεφικό φορμάκι

benkica za bebe

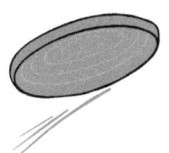

φρίσμπι

frizbi

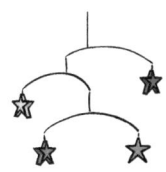

μόμπιλο

viseće igračke

επιτραπέζιο παιχνίδι

društvene igre

ζάρια

kocka

σετ τρενάκι

minijaturna željeznica

πιπίλα

duda

πάρτι

zabava

εικονογραφημένο βιβλίο

slikovnica

μπάλα

lopta

κούκλα

lutka

παίζω

igrati

παιδικό δωμάτιο - dečija soba        43

σκάμμα με άμμο

pješčanik

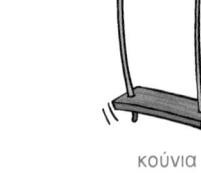

κούνια

ljuljačka

παιχνίδια

igračka

κονσόλα βιντεοπαιχνιδιών

konzola za igre

τρίκυκλο

tricikl

αρκουδάκι

tedi

ντουλάπα

ormar

# ρούχα
## odeća

κάλτσες

kratke čarape

καλτσοδέτες

čarape

καλσόν

hulahopke

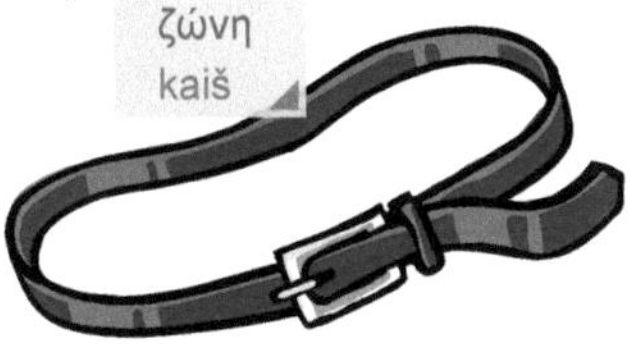

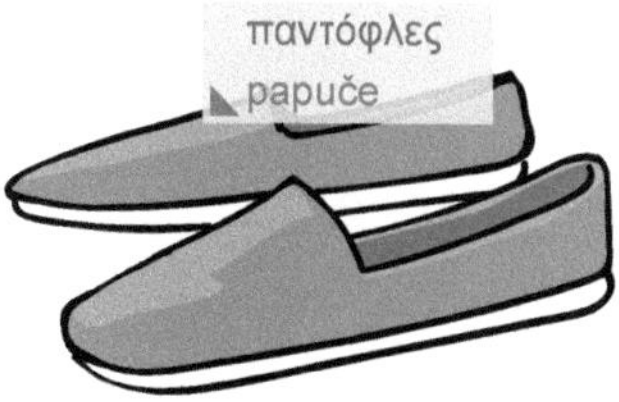

κασκόλ
šal

ομπρέλα
kišobran

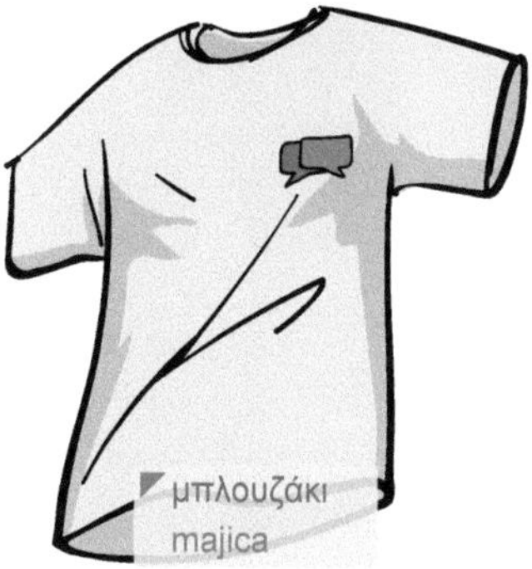

ζώνη
kaiš

μπλουζάκι
majica

μπότες
čizme

αθλητικά παπούτσια
patike

παντόφλες
papuče

σανδάλια
sandale

παπούτσια
cipele

γαλότσες
gumene čizme

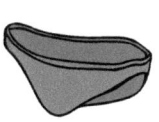

εσώρουχο
gaćice

σουτιέν
grudnjak

φανέλα
potkošulja

ρούχα - odeća

σώμα

bodi

παντελόνι

pantalone

τζιν παντελόνι

farmerke

φούστα

suknja

μπλούζα

bluza

πουκάμισο

košulja

πουλόβερ

džemper

πουλόβερ

džemper s kapuljačom

σακάκι

sako

μπουφάν

jakna

παλτό

kaput

αδιάβροχο πανωφόρι

kabanica

κοστούμι

kostim

φόρεμα

haljina

νυφικό

venčanica

κοστούμι
odelo

νυχτικό
spavaćica

πιτζάμες
pidžama

σάρι
sari

μαντήλι
marama za glavu

τουρμπάνι
turban

μπούρκα
burka

καφτάνι
kaftan

μουσουλμανικό ένδυμα
abaja

ολόσωμο μαγιό
kupaći kostim

ανδρικό μαγιό
kupaće gaćice

σορτς
kratke pantalone

αθλητική φόρμα
odeća za trening

ποδιά
kecelja

γάντια
rukavice

κουμπί

dugme

γυαλιά

naočare

βραχιόλι

narukvica

περιδέραιο

ogrlica

δαχτυλίδι

prsten

σκουλαρίκι

naušnica

καπέλο

kapa

κρεμάστρα

vešalica

καπέλο

šešir

γραβάτα

kravata

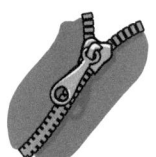

φερμουάρ

patent zatvarač

κράνος

kaciga

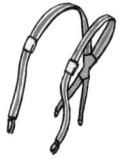

τιράντες

naramenice

μαθητική στολή

školska uniforma

στολή

uniforma

ρούχα - odeća

σαλιάρα

podbradak

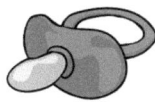

πιπίλα

duda

πάνα

pelena

# γραφείο
## kancelarija

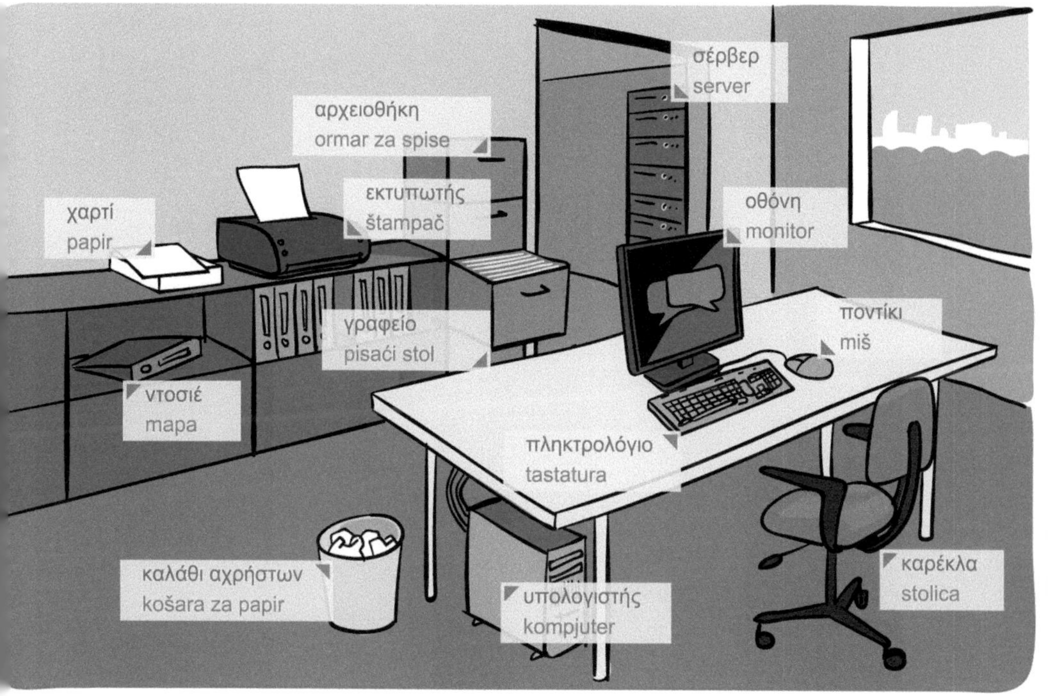

σέρβερ
server

αρχειοθήκη
ormar za spise

χαρτί
papir

εκτυπωτής
štampač

οθόνη
monitor

γραφείο
pisaći stol

ποντίκι
miš

ντοσιέ
mapa

πληκτρολόγιο
tastatura

καλάθι αχρήστων
košara za papir

υπολογιστής
kompjuter

καρέκλα
stolica

κούπα του καφέ

šalica za kavu

κομπιουτεράκι

kalkulator

ίντερνετ

internet

λάπτοπ

laptop

γράμμα

pismo

μήνυμα

poruka

κινητό

mobilni telefon

δίκτυο

mreža

φωτοτυπικό μηχάνημα

uređaj za kopiranje

λογισμικό

softver

τηλέφωνο

telefon

πρίζα

utičnica

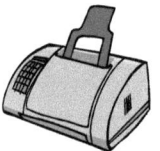

συσκευή φαξ

faks

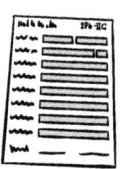

έντυπο

formular

έγγραφο

dokument

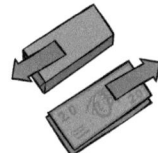

αγοράζω

kupovati

πληρώνω

platiti

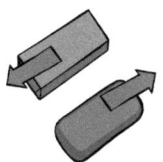

συναλλάσσομαι

trgovati

χρήματα

novac

δολάριο

dolar

ευρώ

evro

γιεν

jen

ρούβλι

rublja

ελβετικό φράγκο

švajcarski franak

ρενμίνμπι γιουάν

renmindbi juan

ρουπία

rupija

ΑΤΜ (αυτόματη ταμειακή μηχανή)

automat za novac

ανταλλακτήρια
συναλλάγματος

menjačnica

χρυσός

zlato

ασήμι

srebro

πετρέλαιο

nafta

ενέργεια

energija

τιμή

cena

συμβόλαιο

ugovor

φόρος

porez

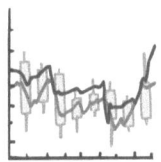

μετοχή

deonica

δουλεύω

raditi

υπάλληλος

službenik

εργοδότης

poslodavac

εργοστάσιο

fabrika

κατάστημα

prodavnica

οικονομία - ekonomija

# επαγγέλματα
# zanimanja

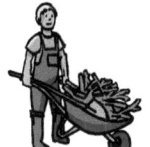

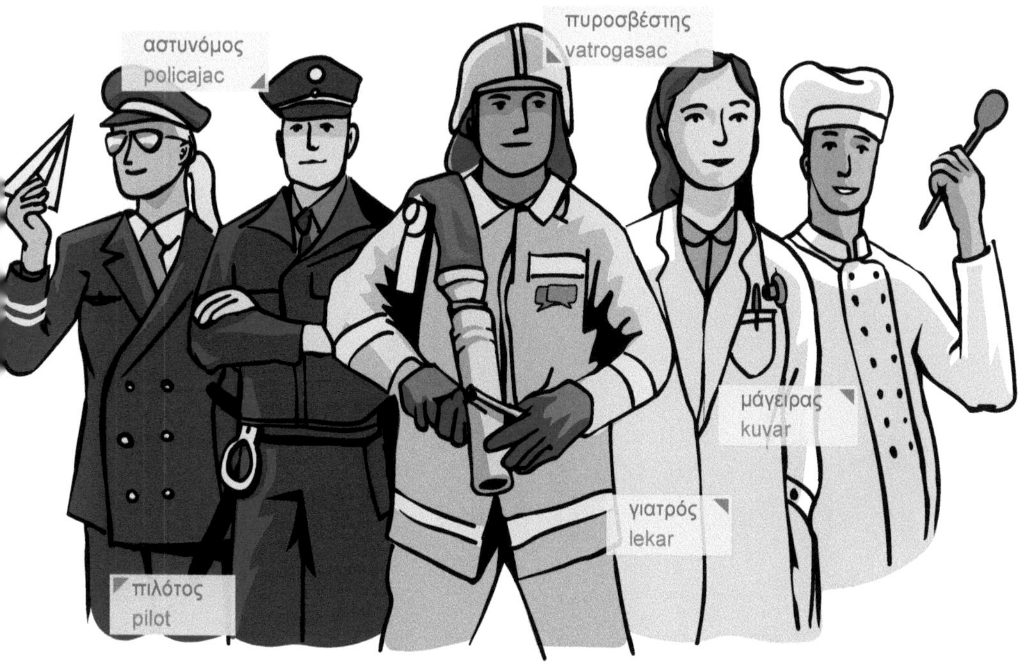
αστυνόμος
policajac
πυροσβέστης
vatrogasac
μάγειρας
kuvar
γιατρός
lekar
πιλότος
pilot

κηπουρός

vrtlar

ξυλουργός

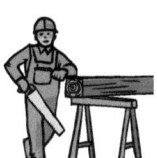

stolar

μοδίστρα

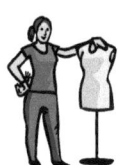

krojačica

δικαστής

sudija

χημικός

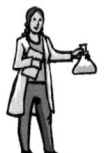

hemičar

ηθοποιός

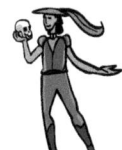

glumac

οδηγός λεωφορείου

vozač autobusa

ταξιτζής

vozač taksija

ψαράς

ribar

καθαρίστρια

čistačica

τεχνίτης στεγών

krovopokrivač

σερβιτόρος

konobar

κυνηγός

lovac

ζωγράφος

slikar

αρτοποιός

pekar

ηλεκτρολόγος

električar

οικοδόμος

građevinski radnik

μηχανολόγος

inženjer

κρεοπώλης

mesar

υδραυλικός

limar

ταχυδρόμος

poštar

στρατιώτης
vojnik

αρχιτέκτονας
arhitekta

ταμίας
blagajnik

ανθοπώλης
cvećar

κομμωτής
frizer

ελεγκτής εισιτηρίων
kondukter

μηχανικός
mehaničar

καπετάνιος
kapetan

οδοντίατρος
zubar

επιστήμονας
naučnik

ραβίνος
rabi

ιμάμης
imam

μοναχός
monah

ιερέας
svećenik

# εργαλεία

# alati

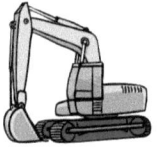

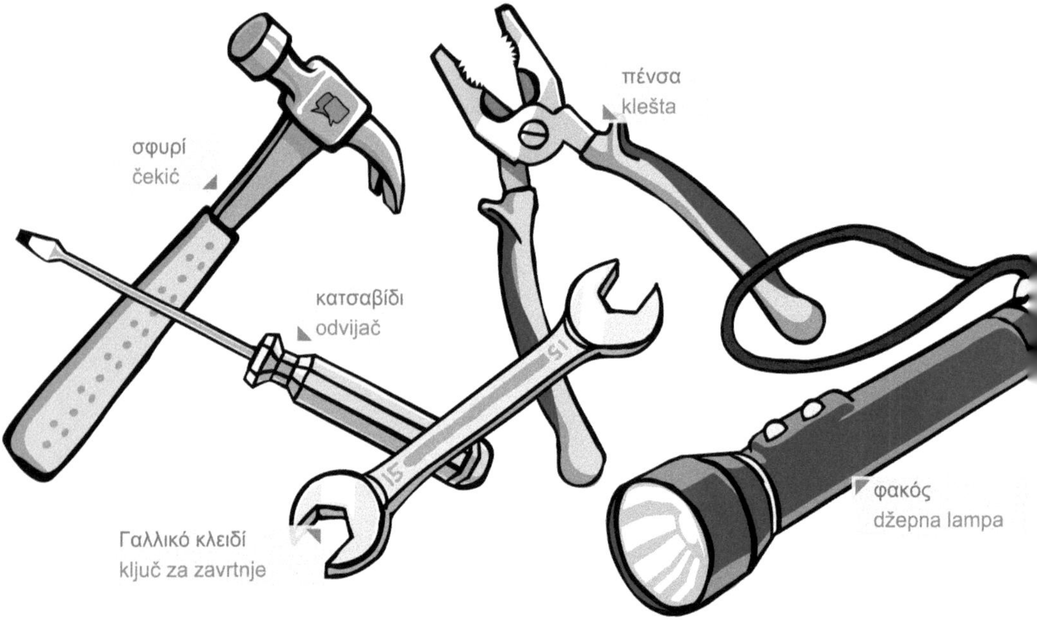
σφυρί
čekić
πένσα
klešta
κατσαβίδι
odvijač
Γαλλικό κλειδί
ključ za zavrtnje
φακός
džepna lampa

εκσκαφέας

bager

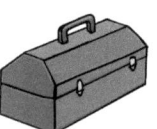

εργαλειοθήκη

kutija za alat

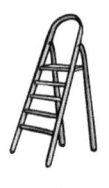

σκάλα

merdevine

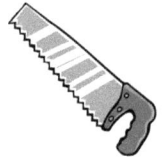

πριόνι

pila

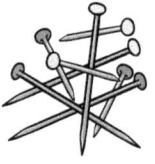

καρφιά

ekser

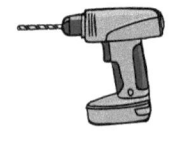

τρυπάνι

bušilica

επισκευάζω

popraviti

φτυάρι

lopata

Να πάρει!

do đavola!

φαράσι

lopatica

δοχείο χρωμάτων

lonac za boju

βίδες

zavrtanji

## μουσικά όργανα
## muzički instrument

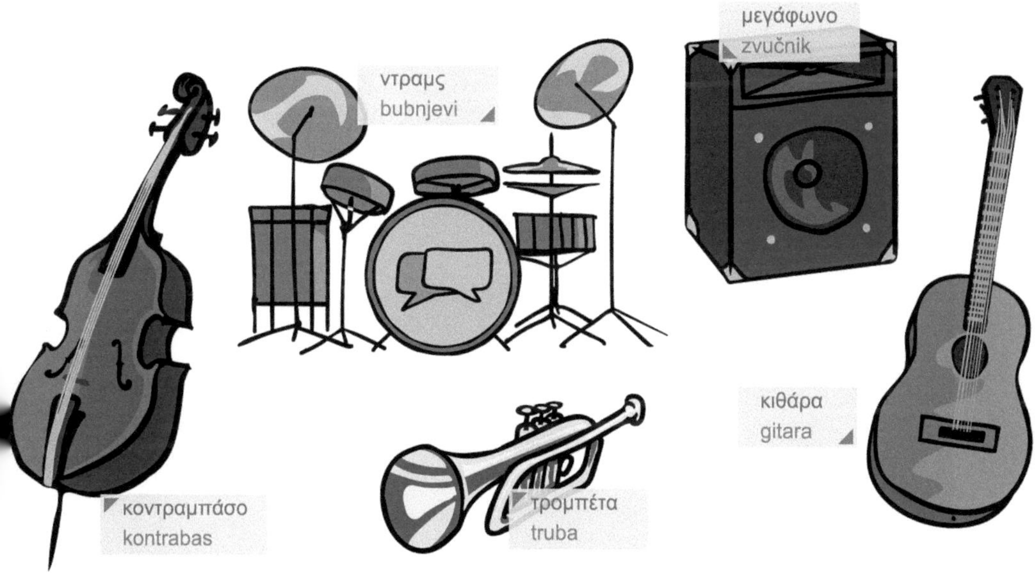

ντραμς
bubnjevi

μεγάφωνο
zvučnik

κοντραμπάσο
kontrabas

τρομπέτα
truba

κιθάρα
gitara

πιάνο

klavir

βιολί

violina

μπάσο

bas

τύμπανα

timpani

τύμπανο

udaraljke za bubnjeve

πλήκτρα

tipke klavira

σαξόφωνο

saksofon

φλάουτο

flauta

μικρόφωνο

mikrofon

μουσικά όργανα - muzički instrument

# ζωολογικός κήπος

# zoološki vrt

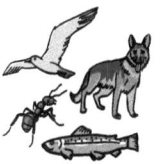

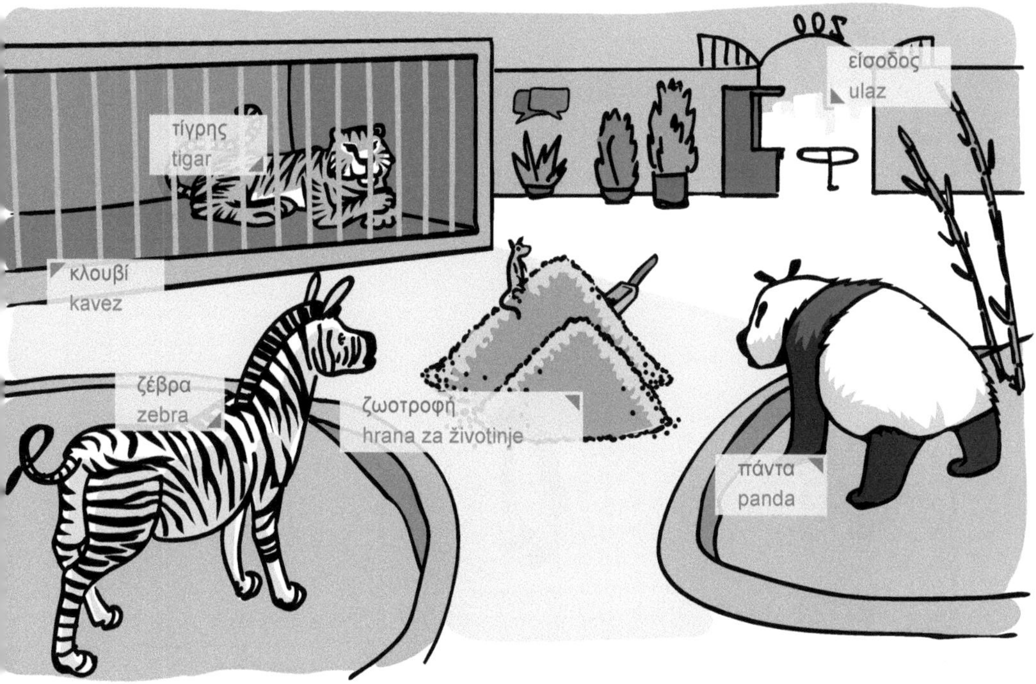

είσοδος
ulaz
τίγρης
tigar
κλουβί
kavez
ζέβρα
zebra
ζωοτροφή
hrana za životinje
πάντα
panda


ζώα

životinje

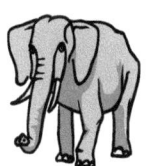

ελέφαντας

slon

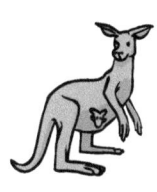

καγκουρό

kengur

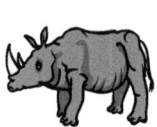

ρινόκερος

nosorog

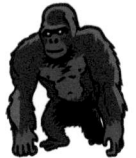

γορίλας

gorila

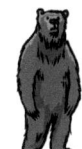

αρκούδα

medved

καμήλα

kamila

στρουθοκάμηλος

noj

λιοντάρι

lav

πίθηκος

majmun

φλαμίνγκο

flamingo

παπαγάλος

papagaj

πολική αρκούδα

polarni medved

πιγκουίνος

pingvin

καρχαρίας

ajkula

παγώνι

paun

φίδι

zmija

κροκόδειλος

krokodil

φύλακας ζωολογικού κήπου

čuvar u zoološkom vrtu

φώκια

tuljan

τζάγκουαρ

jaguar

πόνυ

poni

λεοπάρδαλη

leopard

ιπποπόταμος

nilski konj

καμηλοπάρδαλη

žirafa

αετός

orao

αγριογούρουνο

divlja svinja

ψάρι

riba

χελώνα

kornjača

θαλάσσιος ίππος

morž

αλεπού

lisica

γαζέλα

gazela

Αμερικάνικο ποδόσφαιρο
americki nogomet

ποδηλασία
biciklizam

αντισφαίριση
tenis

μπάσκετ
košarka

κολύμβηση
plivanje

πυγχαμία
boks

χόκεϋ επί πάγου
hokej na ledu

ποδόσφαιρο
fudbal

μπάντμιντον
badminton

στίβος
atletika

χάντμπολ
rukomet

σκι
skijanje

πόλο
polo

# δραστηριότητες
# aktivnosti

πηδάω
skočiti
αγκαλιάζω
zagrliti
γελάω
smejati se
περπατάω
ići
τραγουδάω
pevati
ονειρεύομαι
sanjati
προσεύχομαι
moliti se
φιλάω
poljubiti

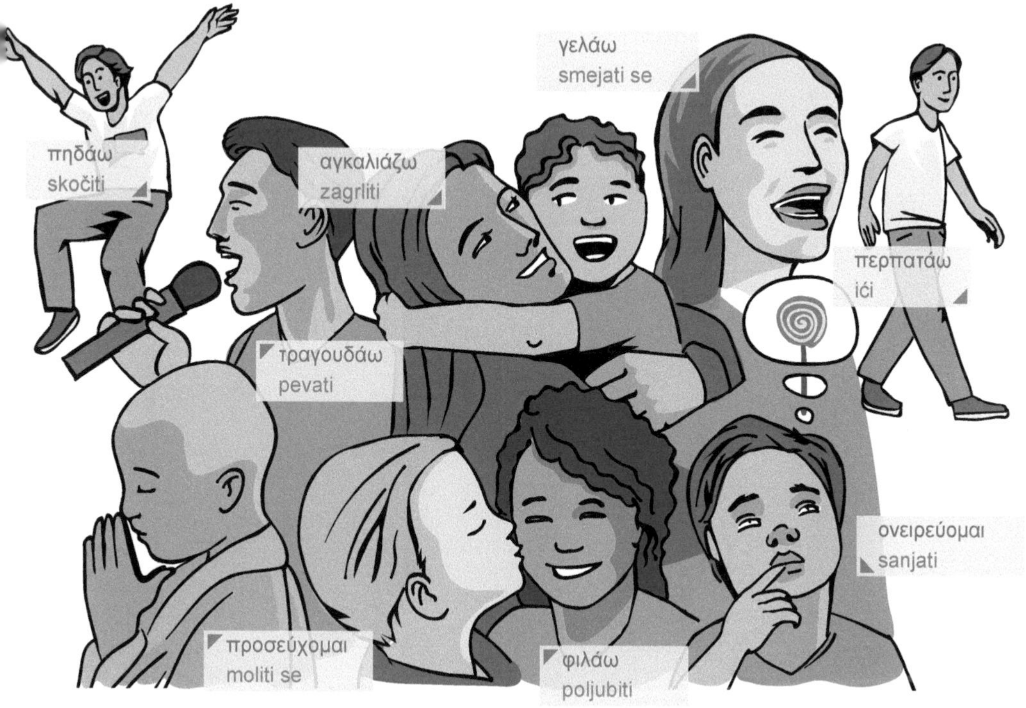

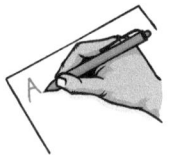

γράφω
pisati

σχεδιάζω
crtati

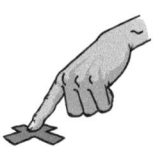

δείχνω
pokazati

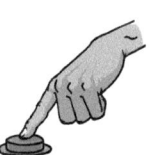

πιέζω
gurati

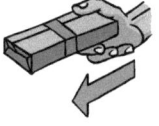

δίνω
dati

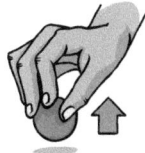

παίρνω
uzeti

έχω

imati

κάνω

činiti

είμαι

biti

στέκομαι

stojati

τρέχω

trčati

τραβάω

povlačiti

ρίχνω

baciti

πέφτω

padati

ξαπλώνω

ležati

περιμένω

čekati

κουβαλώ

nositi

κάθομαι

sediti

φοράω

oblačiti

κοιμάμαι

spavati

ξυπνάω

probuditi se

δραστηριότητες - aktivnosti

κοιτάω

gledati

κλαίω

plakati

χαϊδεύω

milovati

χτενίζω

češljati

μιλάω

govoriti

καταλαβαίνω

razumeti

ρωτάω

pitati

ακούω

slušati

πίνω

piti

τρώω

jesti

συγυρίζω

pospremiti

αγαπάω

voleti

μαγειρεύω

kuhati

οδηγώ

voziti

πετάω

leteti

κάνω ιστιοπλοΐα

ploviti

υπολογίζω

računati

διαβάζω

čitati

μαθαίνω

učiti

δουλεύω

raditi

παντρεύομαι

venčati se

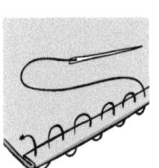

ράβω

šiti

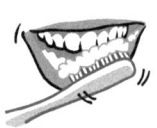

βουρτσίζω τα δόντια

prati zube

σκοτώνω

ubiti

καπνίζω

pušiti

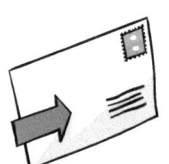

στέλνω

poslati

# οικογένεια
# porodica

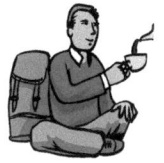

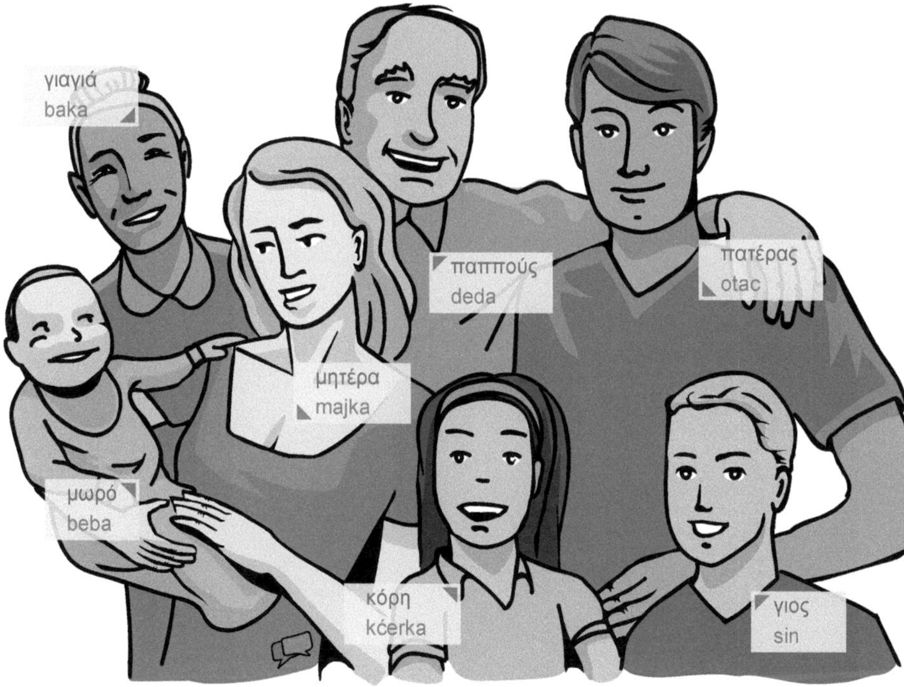
γιαγιά
baka
παππούς
deda
πατέρας
otac
μητέρα
majka
μωρό
beba
κόρη
kćerka
γιος
sin

καλεσμένος

gost

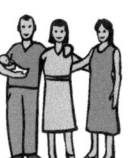

θεία

tetka

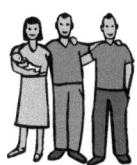

θείος

ujak, stric

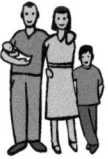

αδελφός

brat

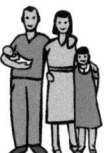

αδελφή

sestra

# σώμα
# telo

μέτωπο
čelo
μάτι
oko
ώμος
rame
δάχτυλο
prst
πρόσωπο
lice
πιγούνι
brada
χέρι
ruka
πόδι
noga
στήθος
grudi
βραχίονας
ruka

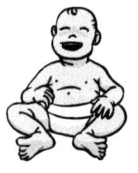

μωρό

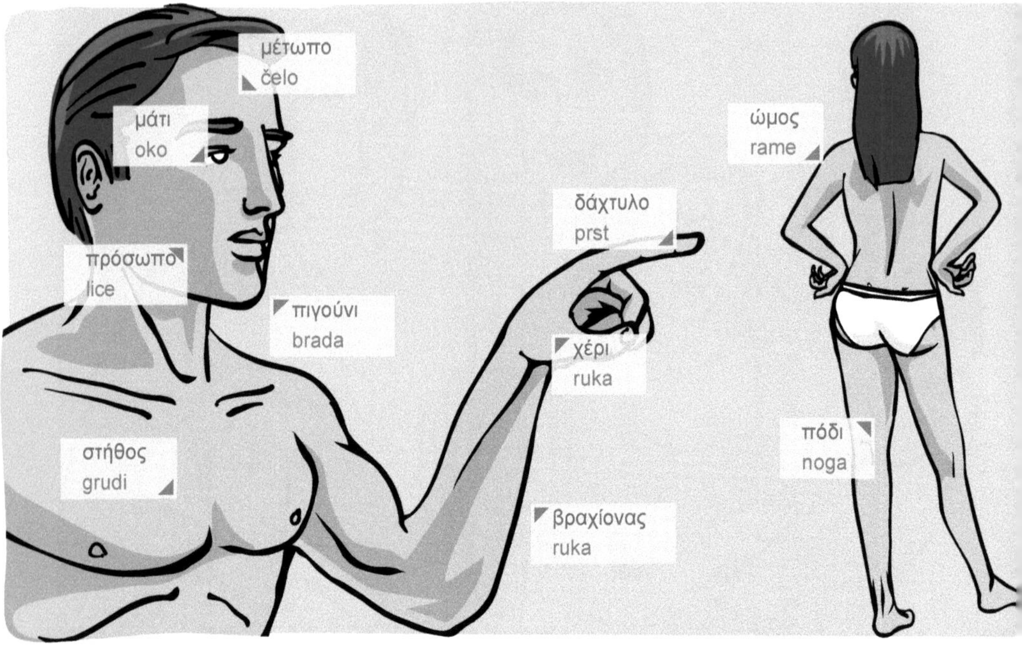

beba

άνδρας

muškarac

γυναίκα

žena

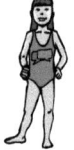

κορίτσι

devojčica

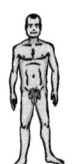

αγόρι

dečak

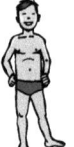

κεφάλι

glava

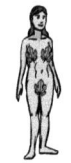

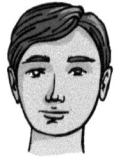

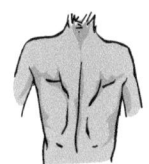

πλάτη

leđa

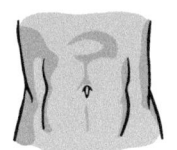

κοιλιά

stomak

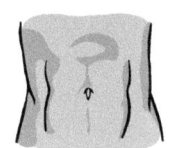

αφαλός

pupak

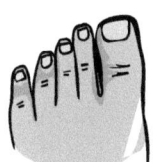

δάχτυλο ποδιού

nožni prst

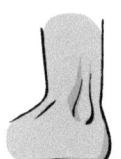

φτέρνα

peta

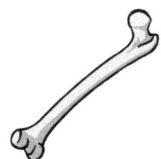

κόκκαλο

kost

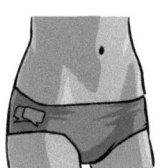

γοφός

kukovi

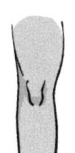

γόνατο

koleno

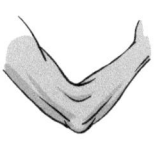

αγκώνας

lakat

μύτη

nos

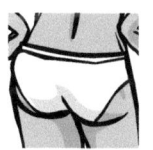

γλουτός

zadnjica

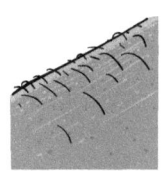

δέρμα

koža

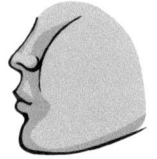

μάγουλο

obraz

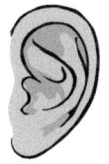

αυτί

uvo

χείλος

usna

σώμα - telo

στόμα

usta

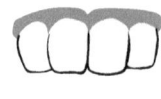

δόντι

zub

γλώσσα

jezik

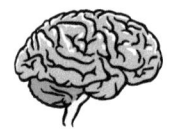

εγκέφαλος

mozak

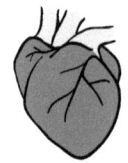

καρδιά

srce

μυς

mišić

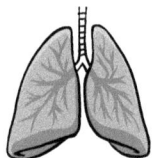

πνεύμονας

pluća

συκώτι

jetra

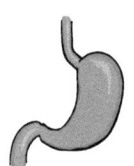

στομάχι

želudac

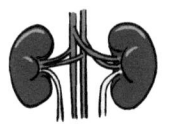

νεφρά

bubrezi

σεξουαλική επαφή

polni odnos

προφυλακτικό

kondom

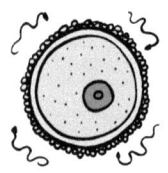

ωάριο

jajna ćelija

σπέρμα

sperma

εγκυμοσύνη

trudnoća

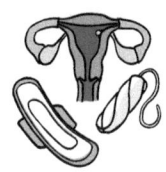

περίοδος

menstruacija

γυναικείος κόλπος

vagina

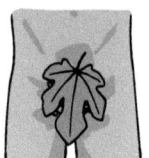

πέος

penis

φρύδι

obrva

μαλλιά

kosa

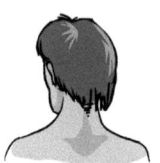

λαιμός

vrat

σώμα - telo

# νοσοκομείο
# bolnica

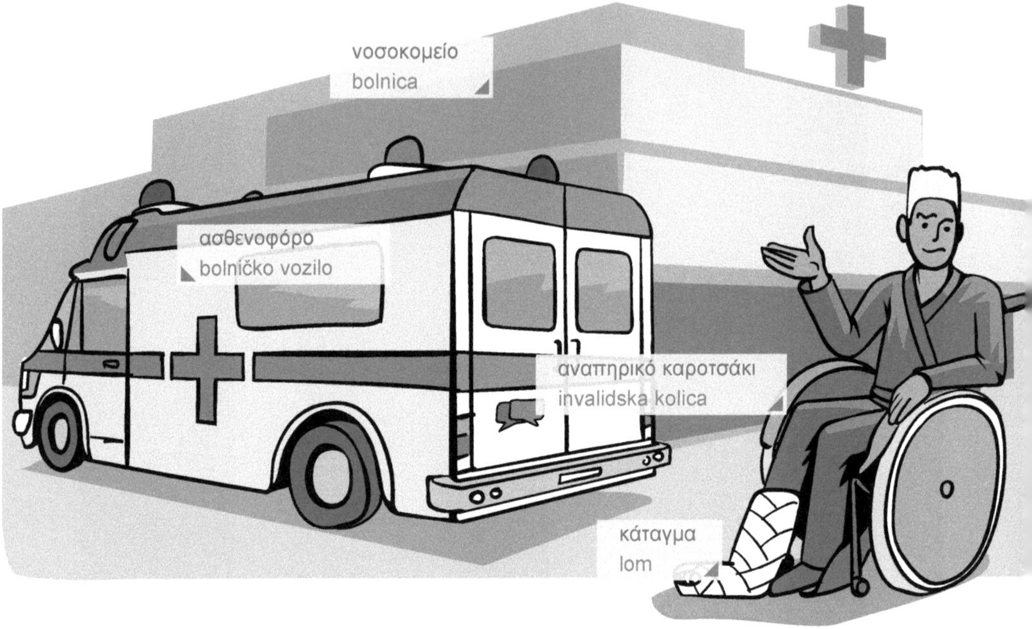

νοσοκομείο
bolnica
ασθενοφόρο
bolničko vozilo
αναπηρικό καροτσάκι
invalidska kolica
κάταγμα
lom


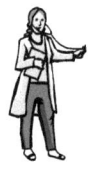

γιατρός
lekar

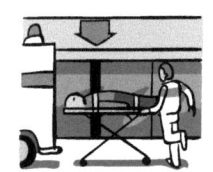

μονάδα εντατικής θεραπείας
hitna medicinska služba

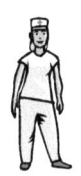

νοσοκόμα
medicinska sestra

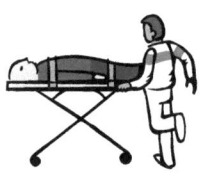

έκτακτη ανάγκη
hitni slučaj

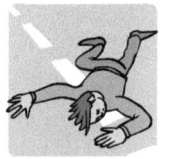

λιπόθυμος
nesvest

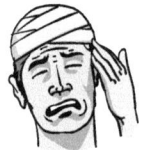

πόνος
bol

τραύμα

povreda

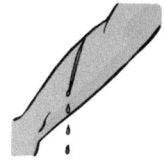

αιμορραγία

krvarenje

έμφραγμα

srčani udar

εγκεφαλικό

udar

αλλεργία

alergija

βήχας

kašalj

πυρετός

groznica

γρίπη

gripa

διάρροια

proliv

πονοκέφαλος

glavobolja

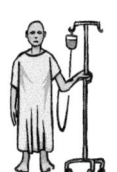

καρκίνος

rak

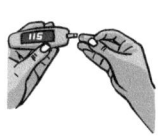

διαβήτης

dijabetes

χειρουργός

hirurg

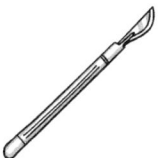

νυστέρι

skalpel

εγχείρηση

operacija

αξονική τομογραφία
ct

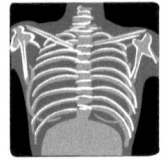

ακτινογραφία
rentgen

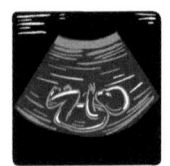

υπέρηχος
ultrazvuk

μάσκα
maska

ασθένεια
bolest

αίθουσα αναμονής
čekaona

πατερίτσα
štaka

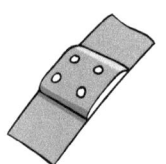

χάνσαπλαστ
flaster

επίδεσμος
zavoj

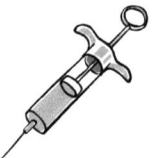

ένεση
injekcija

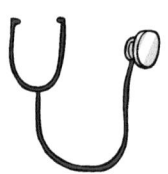

στηθοσκόπιο
stetoskop

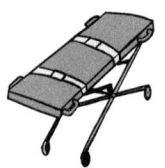

φορείο
nosila

θερμόμετρο
termometar

γέννηση
rođenje

υπέρβαρο
prekomerna težina

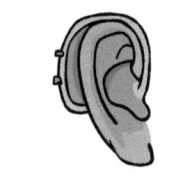

ακουστικό βαρηκοΐας

slušni aparat

αντισηπτικό

sredstvo za dezinfekciju

λοίμωξη

infekcija

ιός

virus

HIV/AIDS

HIV / AIDS

φάρμακο

medicina

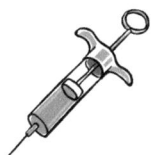

εμβολιασμός

vakcinacija

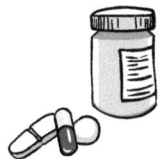

δισκία

tablete

χάπι

pilula

κλήση έκτακτης ανάγκης

hitni poziv

πιεσόμετρο αίματος

uređaj za merenje pritiska

άρρωστος / υγιής

bolesno / zdravo

Βοήθεια!
pomoć!

συναγερμός
alarm

βιαιοπραγία
nasrtaj

επίθεση
napad

κίνδυνος
opasnost

έξοδος κινδύνου
izlaz u slučaju nužde

Φωτιά!
požar!

πυροσβεστήρας
protivpožarni aparat

ατύχημα
nezgoda

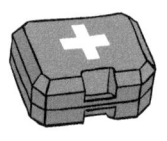

κουτί πρώτων βοηθειών
kutija prve pomoći

SOS
sos

αστυνομία
policija

Ευρώπη

Evropa

Βόρεια Αμερική

Severna Amerika

Νότια Αμερική

Južna Amerika

Αφρική

Afrika

Ασία

Azija

Αυστραλία

Australija

Ατλαντικός Ωκεανός

Atlantik

Ειρηνικός Ωκεανός

Pacifik

Ινδικός Ωκεανός

Indijski okean

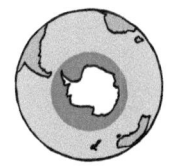

Ανταρκτικός Ωκεανός

Antarktički okean

Αρκτικός Ωκεανός

Arktički ocean

Βόρειος Πόλος

Severni pol

Νότιος Πόλος

Južni pol

Ανταρκτική

Antarktik

Γη

zemlja

γη

zemlja

θάλασσα

more

νησί

otok

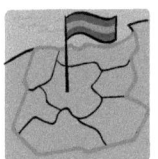

έθνος

nacija

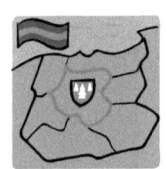

πολιτεία

država

καντράν ρολογιού

brojčanik sata

ωροδείκτης

satna kazaljka

λεπτοδείκτης

minutna kazaljka

δείκτης δευτερολέπτων

sekundna kazaljka

Τι ώρα είναι;

Koliko je sati?

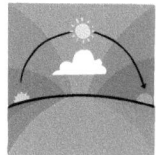

ημέρα

dan

χρόνος

vreme

τώρα

sada

ψηφιακό ρολόι

digitalni sat

λεπτό

minuta

ώρα

čas

# εβδομάδα
## sedmica

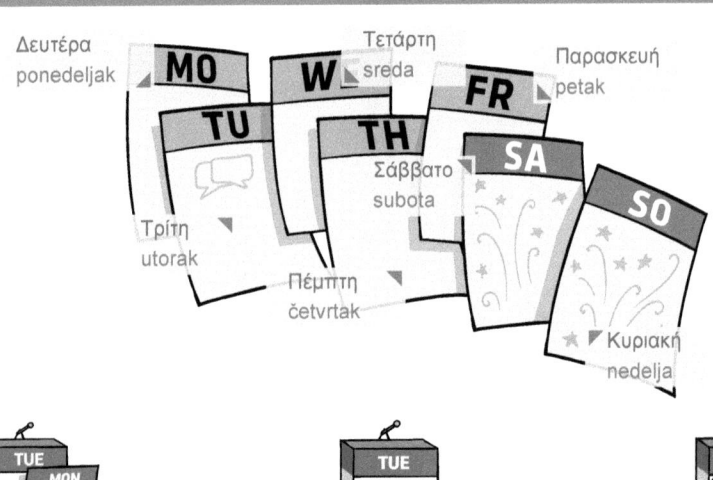

Δευτέρα / ponedeljak
Τετάρτη / sreda
Παρασκευή / petak
Τρίτη / utorak
Σάββατο / subota
Πέμπτη / četvrtak
Κυριακή / nedelja

χθες

juče

σήμερα

danas

αύριο

sutra

πρωί

jutro

μεσημέρι

podne

βράδυ

veče

εργάσιμες ημέρες

radni dani

Σαββατοκύριακο

vikend

βροχή
kiša

ουράνιο τόξο
duga

χιόνι
sneg

άνεμος
vetar

άνοιξη
proleće

φθινόπωρο
jesen

καλοκαίρι
leto

χειμώνας
zima

| | | |
|---|---|---|
| 4.APRIL | 11° | ☀ |
| 5.APRIL | 4° | ☁ |
| 6.APRIL | 13° | ☁ |
| 7.APRIL | 8° | ❄ |
| 8.APRIL | 10° | ☀ |

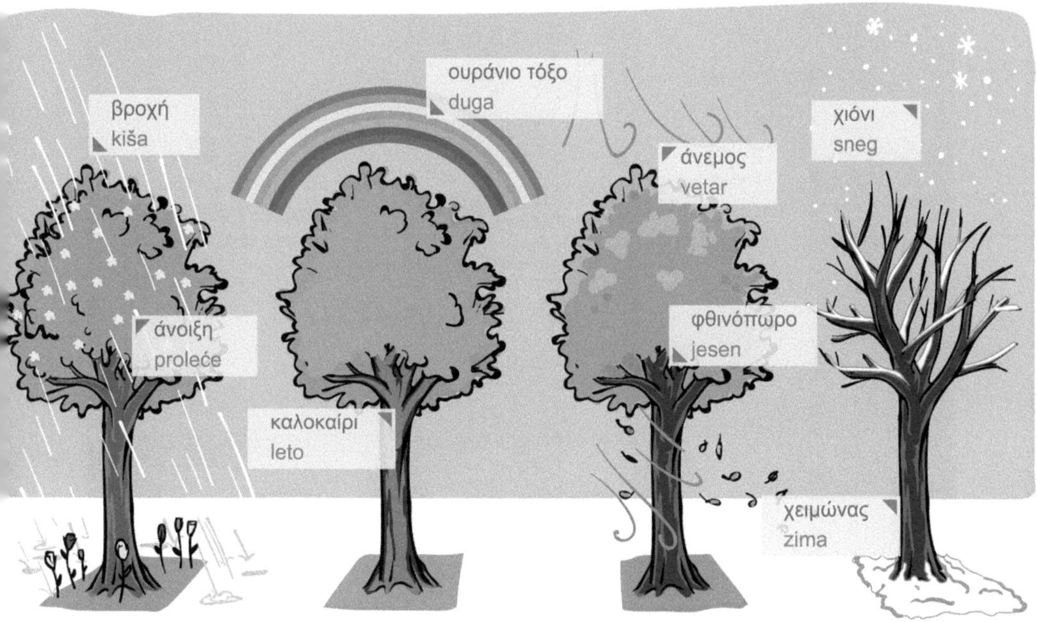

πρόγνωση καιρού
meteorološka prognoza

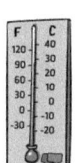

θερμόμετρο
termometar

λιακάδα
sunčana svetlost

σύννεφο
oblak

ομίχλη
magla

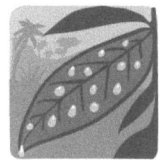

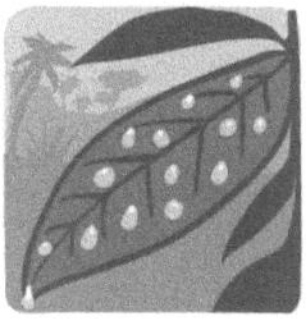

υγρασία
vlažnost vazduha

αστραπή

munja

κεραυνός

grmljavina

καταιγίδα

oluja

χαλάζι

tuča

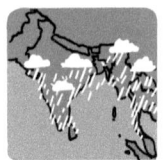

μουσώνας

monsun

πλημμύρα

poplava

πάγος

led

Ιανουάριος

januar

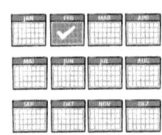

Φεβρουάριος

februar

Μάρτιος

mart

Απρίλιος

april

Μάιος

maj

Ιούνιος

juni

Ιούλιος

juli

Αύγουστος

avgust

έτος - godina

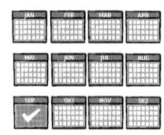

Σεπτέμβριος
.................
septembar

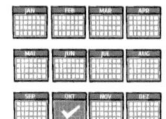

Οκτώβριος
.................
oktobar

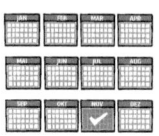

Νοέμβριος
.................
novembar

Δεκέμβριος
.................
decembar

## σχήματα
## oblici

κύκλος
.................
krug

τετράγωνο
.................
kvadrat

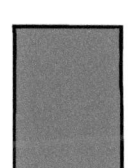

ορθογώνιο
παραλληλόγραμμο
pravougao

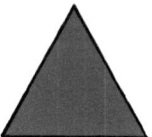

τρίγωνο
.................
trougao

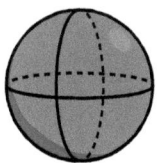

σφαίρα
.................
kugla

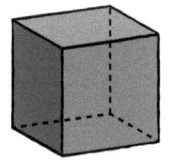

κύβος
.................
kocka

άσπρο

bela

κίτρινο

žuta

πορτοκαλί

narandžasta

ροζ

ružičasta

κόκκινο

crvena

μωβ

ljubičasta

μπλε

plava

πράσινο

zelena

καφέ

smeđa

γκρι

siva

μαύρο

crna

πολύ / λίγο
mnogo / malo

θυμωμένος / ήρεμος
ljutito / mirno

όμορφος / άσχημος
lepo / ružno

αρχή / τέλος
početak / kraj

μεγάλος / μικρός
veliko / maleno

φωτεινός / σκοτεινός
svetlo / tamno

αδελφός / αδελφή
brat / sestra

καθαρός / λερωμένος
čisto / prljavo

πλήρης / ατελής
potpuno / nepotpuno

ημέρα / νύχτα
dan / noć

νεκρός / ζωντανός
mrtvo / živo

φαρδύς / στενός
široko / usko

βρώσιμος / μη βρώσιμος

jestivo / nejestivo

κακός / ευγενικός

zlo / dobro

ενθουσιασμένος / βαριεστημένος

uzbuđeno / dosadno

παχύς / λεπτός

debelo / mršavo

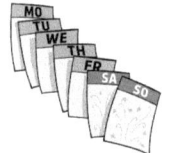

πρώτος / τελευταίος

na početku / na kraju

φίλος / εχθρός

prijatelj / neprijatelj

γεμάτος / άδειος

puno / prazno

σκληρός / μαλακός

tvrdo / mekano

βαρύς / ελαφρύς

teško / lagano

πείνα / δίψα

glad / žeđ

άρρωστος / υγιής

bolesno / zdravo

παράνομος / νόμιμος

ilegalno / legalno

έξυπνος / χαζός

pametno / glupo

αριστερός / δεξιός

levo / desno

κοντινός / μακρινός

blizu / daleko

αντίθετα - suprotnosti

καινούριος /
μεταχειρισμένος

novo / polovno

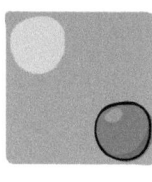

τίποτα / κάτι

ništa / nešto

γέρος | νέος

staro / mlado

αναμμένος / σβηστός

uključeno / isključeno

ανοιχτός / κλειστός

otvoreno / zatvoreno

χαμηλόφωνος /
μεγαλόφωνος
tiho / glasno

πλούσιος / φτωχός

bogato / siromašno

σωστός / λανθασμένος

tačno / pogrešno

τραχύς / λείος

hrapavo / glatko

λυπημένος / χαρούμενος

tužno / sretno

κοντός / μακρύς

kratko / dugo

αργός / γρήγορος

polako / brzo

υγρός / στεγνός

mokro / suho

ζεστός / δροσερός

toplo / hladno

πόλεμος / ειρήνη

rat / mir

αντίθετα - suprotnosti

**0**

μηδέν

nula

**1**

ένα

jedan

**2**

δύο

dva

**3**

τρία

tri

**4**

τέσσερα

četiri

**5**

πέντε

pet

**6**

έξι

šest

**7**

εφτά

sedam

**8**

οκτώ

osam

**9**

εννιά

devet

**10**

δέκα

deset

**11**

έντεκα

jedanaest

## 12
δώδεκα
dvanaest

## 13
δεκατρία
trinaest

## 14
δεκατέσσερα
četrnaest

## 15
δεκαπέντε
petnaest

## 16
δεκαέξι
šestnaest

## 17
δεκαεφτά
sedamnaest

## 18
δεκαοκτώ
osamnaest

## 19
δεκαεννέα
devetnaest

## 20
είκοσι
dvadeset

## 100
εκατό
stotinu

## 1.000
χίλια
hiljadu

## 1.000.000
εκατομμύριο
milion

Αγγλικά

engleski

Αμερικάνικα Αγγλικά

američki engleski

Μανδαρίνικα Κινέζικα

mandarinski kineski

Χίντι

hindski

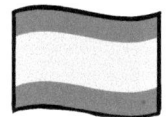

Ισπανικά

španski

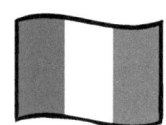

Γαλλικά

francuski

Αραβικά

arapski

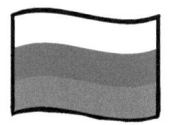

Ρώσικα

ruski

Πορτογαλικά

portugalski

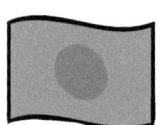

Μπενγκάλι

bengalski

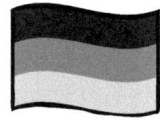

Γερμανικά

nemački

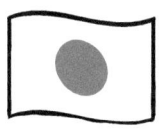

Ιαπωνικά

japanski

εγώ

ja

εσύ

ti

αυτός / αυτή / αυτό

on / ona / ono

εμείς

mi

εσείς

vi

αυτοί / αυτές / αυτά

oni

ποιος / ποια / ποιο;

Ko?

τι;

Šta?

πώς;

Kako?

πού;

Gde?

πότε;

Kada?

όνομα

ime

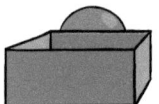

πίσω

iza

μέσα

u

μπροστά

ispred

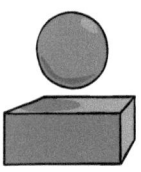

πάνω από

preko

πάνω

na

κάτω

ispod

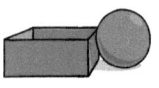

δίπλα

pored

ανάμεσα

između

μέρος

mesto